从管制到协商：邻避冲突治理模式研究

许敏 著

WUHAN UNIVERSITY PRESS
武汉大学出版社

图书在版编目(CIP)数据

从管制到协商:邻避冲突治理模式研究/许敏著.—武汉:武汉大学出版社,2020.11(2022.4 重印)
ISBN 978-7-307-21804-8

Ⅰ.从…　Ⅱ.许…　Ⅲ.公共管理—研究—中国　Ⅳ.D63

中国版本图书馆 CIP 数据核字(2020)第 180202 号

责任编辑:胡　荣　沈继侠　　责任校对:汪欣怡　　版式设计:韩闻锦

出版发行:**武汉大学出版社**　(430072　武昌　珞珈山)
(电子邮箱:cbs22@ whu.edu.cn　网址:www.wdp.com.cn)
印刷:武汉邮科印务有限公司
开本:720×1000　1/16　印张:11.5　字数:204 千字　插页:1
版次:2020 年 11 月第 1 版　2022 年 4 月第 2 次印刷
ISBN 978-7-307-21804-8　定价:39.00 元

前　言

近年来，随着人们环保意识的觉醒和维权意愿的增强，在自利性动机和社区保护的交互作用下，各类邻避设施的兴建和运营时常引发冲突，并从小范围的“街区行动”向大规模的“群体性事件”演化，影响了公共安全与社会稳定，也造成了某些重要公共设施供给受阻。

邻避冲突是在特定的政治、经济、文化背景下，由某些成本效用分配不均衡的公共设施设址或运营遭到周边居民强烈抵制而引发的冲突。邻避冲突治理与其他公共事务治理一样，与制度环境、价值观念有密切关系。通过学术史归纳与实践样态的考察，发现邻避冲突治理在不同的时期呈现不同的样式，体现出从管制型治理到参与式治理的转型逻辑，具体表现为从单一到多元的治理主体、从垂直到多中心的治理结构、从强制到民主的治理方式，而通过协商的制度性生长，改善参与式治理的实施机制，是邻避冲突治理的发展方向。

通过对 2003—2017 年典型邻避冲突事件的梳理和变量值统计分析，可以发现我国地方政府在邻避冲突治理理念、治理主体、治理机制和治理方式上体现出突出的管制型治理特征，形成了政府主导的管制型邻避冲突治理模式。该模式由政府采取行政手段，主导邻避设施的选址、冲突争议的解决，并运用政府强制力，控制民众的抗争情绪和抗争行为。其主要特征包括：垄断控制的治理理念、政府单一主导性治理主体、封闭决策和强制执行机制、被动回应与刚性压制的治理方式。

管制型治理是在复杂的内在动机和外部环境的共同作用下形成的。为了把握政府管制型邻避冲突治理模式的形成原因，本书通过对邻避冲突参与者和相关政府工作人员的访谈调查，从维稳体制、职能方式、利益动机的多维视角深入剖析其生成机理。作为一种制度选择，管制型治理是压力维稳、行政全能主义、利益合谋共同作用的结果。威权体制下的各级政府迫于自上而下的维稳压力，将邻避抗争行动视作无序和混乱，并采取刚性管制手段，使邻避冲突治理陷入“治标不治本”“成本递增收益递减”的怪圈。在行政全能主义下的影响下，上级政府部门通过目标责任制和任务派遣全面控制邻避冲突治理，诱发了基层政府策略性自我保护的消极治理行为。而政府与企业利益合谋的达成也催生了政府垄断决策、信息控制、强制弹压等管制型措施。管制型邻避冲突治理模式在“路径依赖”中不断自我强化，导致治理模式的变迁被“锁定”在一种无效或低效的状态，并陷入公众参与被抑制、社会群体地位不平等、政府信任被消解的现实困境。

在管制型治理面临挑战和危机的背景下，迫切需要突破管制型治理因缺乏有效吸纳、整合邻避冲突参与者利益诉求的协商机制，导致邻避冲突演化升级的障碍，实现邻避冲突治理模式的转型。作为参与式民主实践形式的协商民主给邻避冲突治理展示了一幅充满理想的图景，并提供了一种值得借鉴的新思路。源起于 20 世纪 80 年代的协商民主理论培育了公民有序参与公共治理的理性精神，它在推动公民个体、社会组织与政府的对话和交往的基础上，协调利益关系并促进公共利益，使复杂社会冲突的治理方式更具合法性。

本书在分析协商民主与邻避冲突治理理论契合的基础上，将“协商民主”理论引入邻避冲突治理，总结提炼协商民主公民赋权、公共协商、平等参与的理论特质，将其作为冲突治理中利益调适和形成共识的重要变量，从促进邻避抗争者有序参与、协调多元主体利益关系、增强邻避冲突治理合法性三个方面解释其对邻避冲突治理的作用机理和功能优势。同时，结合邻避设施周边居民体制外利益抗争的原因和协商制度安排的规范性要求，揭示协商地位不平等是目前邻避冲突协商治理的实践挑战。具体表现为：政府与企业的利益合谋妨碍了公民环境生存权益的维护与表达；邻避设施选址决策信息、邻避设施运行及其外部性影响信息的多重不对称使协商过程受到利益集团的软性控制；公众明确表达真实偏好的能力、有效利用文化资源的能力、基本认知能力的缺乏使协商陷入“公开排斥”和“政治包容”的困境。

本书以詹姆斯·博曼提出的“协商不平等”三大影响因素(机会、资源、能力)为依据，采用层次分析法，构建了协商地位影响因素层次结构模型，具体分析了邻避冲突参与者协商地位的影响因素及其权重，并提出了邻避冲突参与者协商地位不平等的矫正措施，主要包括：创造有利于公民参与的新公共空间、建立多元主义的资源分配机制、提高弱势群体的资源利用能力等。

在矫正邻避冲突参与者协商地位的基础上，本书依循协商实践与政治环境的契合和统一、公民表达与政府回应对接和互动的原则，构建邻避冲突协商治理模式。邻避冲突协商治理模式是以公共协商为主要途径，强调审慎的公民参与在邻避冲突治理中的基础性作用的治理模式。它奉行民主治理的理念，以公共理性为价值取向，主张政府、企业和公众在互信、互利的基础上就邻避设施的选址规划、邻避设施的风险分担、利益受损者的补偿激励等议题进行持续不断的协商谈判、参与合作，从而达成共识。邻避冲突协商治理模式的宏观架构包括管制权与参与权制衡的权威结构、“参与—协商—共识”的柔性制度规则、理性认知与互信包容的协商文化、“多边互赖型”合作网络。在微观上，邻避冲突协商治理应结合邻避冲突的演进规律，将公众参与权、知情权、经济补偿权的保护体现到多元主体动态协商中，形成信息公开与风险沟通、平等论辩与差异包容、反思内化与协商结果的落实机制。推动邻避冲突治理从管制到协商的转变，既需要加强协商治理模式、机制、规范、流程等顶层设计，又需要推动多样化的协商治理实践向内生性政治秩序的变迁，这关系到邻避冲突协商治理能否进入既有的政治体系，并产生持久的影响力。从邻避冲突治理转型的现实环境和协商民主的理论诉求来看，协商互动的制度性整合与合作型政府的体制重构是当前邻避冲突协商治理从边缘到中心的一条有效的实践进路。

目　　录

第一章 绪 论

第一节 研究背景

在深刻复杂的转型时代，中国城市社会正面临着两大制度变迁的现实挑战：一是单位制影响的逐渐弱化；二是社区建设运动的兴起。① 在这两大制度的影响下，单位人逐步转化为社会人，并越来越多地参与到与个人利益密切相关的公共事务之中。近年来，随着人们环保意识的觉醒和维权意愿的增强，在自利性动机和社区保护的交互作用下，各类邻避设施(Not In My Back Yard, NIMBY)的兴建和运营时常引发冲突，并从小范围的“街区行动”向大规模的“群体性事件”演化，影响了公共安全与社会稳定，也造成某些重要公共设施供给受阻。

一、邻避时代的来临

纵观发达国家和地区的发展历史，几乎都在经济高速发展后进入“邻避时代”，从20世纪70年代的美国到80年代的欧洲、日本，再到90年代的新加坡、韩国，都经历了“抗议邻避”到“理解邻避”的过程。随着世界经济热点地区的转移，邻避事件的爆发节点随之改变。邻避现象俨然成为具有普遍意义的全球性挑战。

早在20世纪中后期，邻避冲突就作为城市冲突的一种重要形式在欧美发达国家出现。从20世纪60年代开始，美国反对建设垃圾填埋场、有毒废弃物处理厂等邻避设施的环境抗争运动开始兴起。为了避免公众抗议，政府采取“决定—宣布—辩护”的模式，在信息没有公开的情况下，完成项目审批，并启动邻避设施建设。随着人们环境权益维护意识的增强，邻避设施选址成为公众普遍关注的问题。20世纪70—80年代，工业化国家的社会变革使邻避问题

① 何艳玲.“中国式”邻避冲突：基于事件的分析[J]. 开放时代，2009(12)：102.

日益复杂化，邻避设施选址演化为不同利益集团之间深层次的争辩和博弈，环境抗争运动开始表现出长期性和复杂性的特征。一方面，一系列事故灾难如印度博帕尔毒气泄漏、切尔诺贝利核泄漏事故爆发，使公众对邻避设施的危险性后果有了直观认识。另一方面，公众对政府安全管理水平的质疑引发了对邻避设施的持久性抗议，尤其当公众被排斥在邻避决策之外时，在程序公正和环境正义等价值理念的影响下，公众对非自愿承担的风险产生了强烈的抵触情绪。此外，随着一批环境保护组织的兴起，抗议邻避设施在邻近地区设址的集体行动日益频繁。数据显示，由于“邻避主义”泛滥，美国在1980—1987年间预定兴建的81座毒性废弃物处理厂，在草根环保组织的发动下，周边民众强烈反对建造废弃物处理场地，最后仅有8座建成。① 20世纪90年代以来，邻避现象及其治理进入新的发展阶段。一方面，邻避现象表现为涉及经济、政治、社会多重利益交织的复杂属性，邻避选址触及社会敏感神经。另一方面，由于经济补偿、协商谈判、自愿竞标等方式的运用，政府和公众在邻避现象治理中走向沟通和合作。一些国家在邻避治理实践中进行了积极有益的探索，如荷兰采用“市场型选址决策”方法，即政府和企业提高设址补偿价格，直到有社区愿意主动接受设施设址为止。② 日本采取自主型治理机制，发挥地方政府、县域政府、企业及社区居民、渔业协会等多方利益主体的作用，共同参与邻避设施的计划与开发，并制定经济补偿和回馈、设施管理的政策措施。这些实践措施与各国的政治经济制度、文化传统相适应，在一定程度上化解了邻避设施选址引发的冲突。但作为城市空间配置价值矛盾以及城市中增长联盟与社群联盟矛盾的综合体现，邻避冲突在较长时间难以调和，并成为大多数国家发展中的困境。例如，在加拿大，关乎国计民生的“北方门户”输油管重大工程项目，因沿线各方的“邻避主义”至今无法开工。德国在启动“斯图加特21”这一铁路和城市发展项目时遭到5万名市民的严重抗议。为了应对垃圾焚烧导致的健康危害，英国成立了杜绝垃圾焚烧组织(UKWIN)，实时提供专业的垃圾焚烧项目地图，并对地方政府垃圾焚烧站选址和规划进行全过程监督。在现代科学技术和民主政治发展的推动下，全球范围内的邻避运动兴起，邻避现象逐渐成为世界性的问题。

① 纪双城等．争议项目曾困扰多国，如何走出“邻避主义”时代[EB/OL]．(2016-06-17)[2017-07-03]．http://world.huanqiu.com/exclusive/2014-06/5022542.html.

② Inhaber, H. Of LULUs, NIMBYs, and NIMTOOs[J]. Public Interest, 1992(1): 52-65.

在我国，随着城市化进程的加快和公众环境意识的觉醒，邻避事件在21世纪以后日益增多，并呈高发频发态势。尤其在网络技术的推广和应用下，邻避事件的社会影响更广，引起人们的普遍关注。以PX项目为例，厦门、宁波、大连、昆明、上海等地均出现了反对PX项目选址和运营的大规模群体性事件。在垃圾处理设施的选址规划中，北京六里屯垃圾填埋场、广东番禺垃圾焚烧发电厂、深圳龙岗垃圾焚烧发电厂、杭州中泰九峰垃圾焚烧厂均遭到当地群众的强烈抵制与反对。此外，北京万科青青家园小区附近墓地事件、四川什邡宏达钼铜项目群体性事件、上海国轩电池厂事件以及在多省市都遭到抗议的临终关怀项目等实例都表明，邻避事件已成为一种社会常态。据相关研究统计，2016年上半年，规模较大的环保类群体性事件至少有52起，其中千人以上规模的就有12起。事件诉因中，涉垃圾类的有19起，涉工业污染的19起，涉变电站的6起，涉污水处理的1起。① 这些集体抗议常常由居民邻里发起，已成为社会运动的日常形式。

表1-1　　国内主要邻避事件(2003—2016)

时间(年)	地点	事　　件
2003	北京朝阳	望京西园加油站事件
2005	浙江东阳	画溪化工厂事件
2006	广东广州	罗冲围松南路加气站事件
2006	广东广州	荔新大厦精神病治疗机构进驻事件
2006	北京海淀	六里屯垃圾焚烧场事件
2007	福建厦门	PX事件
2008	四川成都	育才小区附近新建医院事件
2008	重庆渝北	龙城天都小区附近殡仪馆迁址事件
2009	浙江杭州	西城精神病医院进驻年华小区事件
2009	北京朝阳	万科青青家园小区附近墓地事件
2009	广东广州	南景园变电站事件
2009	深圳龙岗	垃圾焚烧发电厂事件
2009	广东番禺	垃圾焚烧发电厂事件

① 利民项目遭遇“一闹就停”，如何化解邻避困局？[EB/OL].(2016-08-10)[2017-12-04]. http://xinhua-rss.zhongguowangshi.com/13697/-4898904289685219375/1040396.html.

续表

时间(年)	地点	事　件
2010	北京门头沟	磁悬浮事件
2011	大连金州	PX 事件
2011	北京海淀	西二旗地区垃圾处理场事件
2012	江苏启东	王子纸业排污入海事件
2012	天津滨海	PC 绿色化工项目事件
2012	四川什邡	钼铜项目事件
2012	上海松江	垃圾焚烧厂事件
2012	浙江宁波	PX 事件
2013	福建永泰	电塔事件
2014	浙江杭州	中泰九峰垃圾焚烧厂事件
2014	上海松江	国轩电池厂事件
2015	上海金山	PX 事件
2015	上海杨浦	社区养老院入驻事件
2015	浙江象山	垃圾焚烧发电项目
2016	广东珠海	社区居家医疗养老中心入驻事件
2016	湖北仙桃	干河生活垃圾项目事件

数据来源：根据相关媒体报道整理。

二、邻避时代的现实挑战

邻避事件的频繁发生给经济社会发展带来一定的影响。自 20 世纪 90 年代以来，我国的改革开放进入黄金发展时期，但经济转轨和社会转型使影响社会稳定的矛盾与问题大量滋生。中国社会科学院《社会蓝皮书》通过实证研究发现，1979 年以来我国“社会稳定指数”年均呈现负增长发展态势，强调 1979 年以来我国社会不稳定、不和谐因素直接影响了整个社会经济的和谐发展，拖了发展的后腿。① 如果转型时期的社会矛盾得不到妥善化解，必将直接影响到社

① 汝信，陆学艺，李培林. 2006 年：中国社会形势分析与预测[M]. 北京：社会科学文献出版社，2005：371.

会主义现代化建设的进程。根据世界进程发展规律，在人均GDP处于1000美元至3000美元的阶段，人口、资源、环境的瓶颈约束最为严重。如果政府不能很好地引导，就很有可能使各类矛盾频繁爆发，社会发展出现徘徊倒退，陷入“拉美陷阱”。当前我国正处于这一关键时期，频繁发生的邻避事件对和谐稳定的社会秩序造成了一定的冲击。

受“稳定压倒一切”的刚性稳定观的影响，公众基于维护自身合法权益的诉求表达，往往会演化为影响社会稳定的群体性事件。一方面，为了促进地方经济增长，地方政府会规划并引进一些具有负外部性影响的经济建设项目，如PX项目、垃圾焚烧站等，而部分项目也确实在城市公共生活中不可或缺。为了顺利完成设址，地方政府往往采取“秘而不宣”的方式进行决策，对外发布项目规划信息不及时、不完整，试图用隐瞒的方式减少公众对项目的反对。而当项目建设正式启动时，邻避设施自身的负外部性，如污染威胁、风险积聚等使之必然遭到设施周边公众的强烈抗议。虽然邻避设施给居民的生活带来便利或对城市经济社会发展产生促进作用，但由于成本效用分布不均衡，人们认为这类设施有害于生存权和环境权，并提出“不要建在我家后院”的主张。在维稳压力下，政府通常会把公众的抗议视作对社会稳定的破坏，而对正常的利益表达作出压制和屏蔽的策略性选择。当公众的利益诉求得不到实质性回应时，公众会采取集体上访、静坐示威、“散步”等极端方式进一步表达抗议，从而使小范围的街区行动转化为影响社会稳定的大规模群体性事件。

邻避抗争行动不断挑战政府的治理能力和公信力，加剧了政府和公众之间的心理隔阂和情绪对立，使社会处于紧张状态，严重威胁到公共安全和社会稳定。一方面，邻避设施属于公共物品，对公共生活和经济社会发展具有积极作用，因而具有正当性；另一方面，邻避设施具有一定的负外部性，空间上的接近会使周边居民明显感知成本收益分配比例失衡，进而产生坚决抵制此类设施的诉求。当“设施的正当性”和“诉求的合理性”交锋时，邻避冲突就会难以调和而陷入治理困境。

邻避冲突事件不仅影响了公共安全与社会稳定，还造成某些重要公共设施供给受阻。由于公众的抗议，一些必要的公共设施不能成功设址和正常运营，对地方经济社会发展造成了负面的影响。从实际情况看，多数城市的垃圾处理设施都遭到了公众的抗议，一些公共交通设施、社区养老设施也在不断遭到质疑和反对。例如，2015年5月，上海杨浦区部分社区发生反对养老院入驻社区事件，延吉街道部分居民担心养老院影响房产价值，以及会影响到正常生活，对养老院施工行为表示强烈抗议，他们在社区挂出“反对在居住中心建养老院”“反对侵权”等横幅，并多次到街道和区政府反映问题。延吉街道与区民政局、区房管局、区建交委等部门多次召开座谈会、协调会，与居民沟通、对话，但始终未能取得一致意见。最终，项目被迫终止。2016 年 6 月，为了鼓励和支持社会力量参与医疗养老事业，珠海市政府启动建设“蓝海之略社区居家医养中心”，该项目是一个设在小区门口的社区医养服务平台，提供健康体检、慢病管理、健康档案全科诊所、家庭医生、上门的居家家政和老年活动的服务。由于进驻方事先没有与业主充分沟通，项目缺乏可信任的第三方机构评估，社区居民强烈反对蓝海之略社区居家医疗养老服务中心进驻小区，使项目长期处于停滞状态。社区养老是应对人口老龄化的重要举措，这种嵌入式的养老模式既方便家属照顾，又具有社会总成本低、资源配置效率高的优势。但在项目规划与建设中，却屡遭居民的强烈反对，既影响了老年人的生活质量，也影响了政府承担养老责任。此外，近年来国内各地兴建的 PX 项目也遭到周边居民的严重抗议。PX 是英文 P-Xylene 的简写，它是化工生产中非常重要的原料。长期以来，我国 PX 进口量占全国消费量的一半，国内发展 PX 项目既是市场的需求，也是产业发展的需求，对国产化工原料生产具有战略意义，然而 PX 项目在全国各地普遍不被接受而被迫终止。

可见，频发的邻避冲突事件使一些关系国计民生的重要项目供给受阻，也影响了经济社会发展与和谐社会建设。当前，邻避冲突事件已经成为邻避设施周边居民关切的重要议题，对地方政府治理能力构成严峻挑战。而传统以封闭决策和垄断控制为特征的管制型治理模式导致政府信任危机，并严重影响基层政治生态。如何把握邻避时代的现实困境，通过模式转换和路径创新优化邻避冲突治理，进而形成一种制度化的风险化解机制，已成为地方政府需要迫切解决的问题。

第二节 相关文献研究综述

随着邻避时代的到来，世界范围内关于邻避问题的研究也渐次展开。在这部分内容中，笔者将对国内邻避有关的文献资料进行梳理，采用计量分析方法，提炼了邻避研究的主题与核心问题。

一、基于邻避文献的计量分析

本书以“邻避”为篇名，以中国知网中的期刊、博硕士论文、学术辑刊为检索范围，检索时间是 2018 年 10 月 8 日，共检索出文献 903 篇。本书对这些文献资料的发表年份、学科分布展开分析。具体如下。

(一) 邻避文献的发文时间

通过对 2018 年以前发表的邻避文献进行梳理可以发现，自 2006 年何艳玲教授在《公共管理研究》上发表《"邻避冲突"及其解决：基于一次城市集体抗争分析》以来，邻避主题的文献的发文量呈现明显的上升态势。近年来邻避文献的发文趋势如图 1-1 所示，2006—2011 年，邻避文献的发文量增长较为缓慢，其间关于邻避的研究仅以个位数增加，即便是在 2011 年也只有 12 篇期刊论文和硕博论文专门分析邻避现象。2012 年是一个节点，由于影响巨大的宁波 PX 事件、启东王子纸业事件和什邡钼铜项目事件的相继发生，学界针对邻避议题的讨论逐渐升温，这之后邻避研究出现"井喷式"增长，2014 年邻避文献的发文量首次突破 100 篇，达到 124 篇，是 2006—2011 年发文量的 4 倍还多。此后每年关于邻避议题的研究论文都保持在 140 篇以上，并始终保持增长态势。截至 2018 年 10 月 8 日，2018 年邻避文献的数量已经达到 117 篇。这表明邻避议题的研究热度近些年始终没有明显的降低。可以预期，未来 3—5 年该领域的研究热度依然会持续下去。

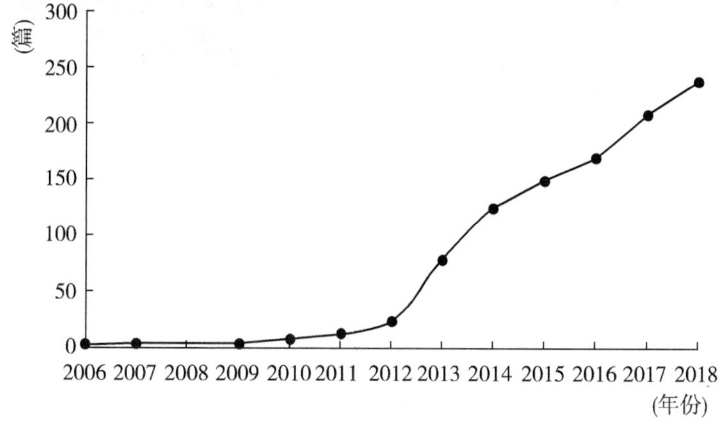

图 1-1　邻避文献的发文趋势

(二) 邻避文献的学科分布

经过学界的不断探索，"邻避"问题早已跨越视其为技术性问题的认知界限，诸多学科基于不同的视角、原理和技术对相关问题加以分析和解释。根据中国知网对 903 篇邻避文献的分类，邻避研究涉及公共管理、环境、公安、政治、社会、城市经济、法学、城乡规划与市政、新闻传播、工业经济、国民经济、地理、哲学、电气工程、原子能、建筑科学、工商管理、科学学与科技管理、安全、交通运输、交通运输经济、管理学、图书情报档案、理论经济学、石油天然气、数学、计算机、区域经济、通用技术 29 个学科。研究成果在不同学科的分布存在显著差异。如图 1-2 所示，公共管理学科的研究成果最多，共计 293 篇，约占 38.7%，环境、公安、政治学科的成果较多，分别有 77 篇、81 篇、75 篇，约占 10.2%、10.7%、9.9%。社会、城市经济、法学、城乡规划与市政、新闻传播学科的研究成果约占 3.3%、5.1%、4.6%、4.6%、3.7%。

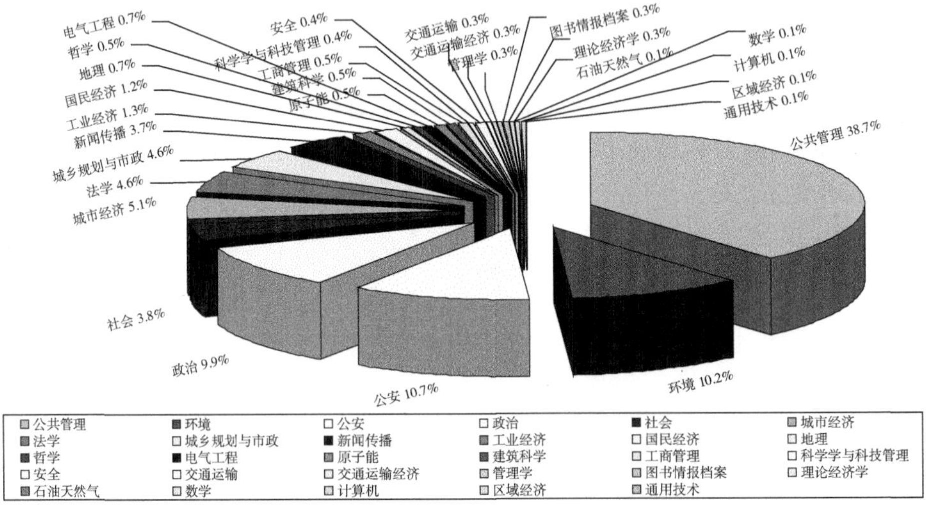

图 1-2　不同学科邻避文献的发文情况

上述学科分布体现了学界将邻避问题视为公共问题的基本定位，技术手段和治理模式是邻避研究中的重要内容。

二、邻避研究的主题提炼

通过对 903 篇文献关键词的提取与聚类分析，如图 1-3 所示，“邻避冲突”“邻避风险”“邻避型群体性事件”“邻避效应”是邻避研究中的关键主题。这些纷繁多样的概念相互联系又有所区别，形成了邻避研究的“概念丛林”。从词源来看，“邻避”是“not in my backyard”的音译词，简称 NIMBY。该概念由美国学者 O'Hare 于 1977 年首次提出，用以描述那些在兴建之后能够带来整体性社会效益，但对周边居民产生负面影响的设施。① 随后，英国记者 Emilie Travel Livezey 于 1980 年《基督教箴言报》上也提出“not in my backyard”的说法，用以描述当时人们对化工垃圾的抵制状况。② 自此，“邻避”一词在学术界引起了普遍重视和广泛讨论。

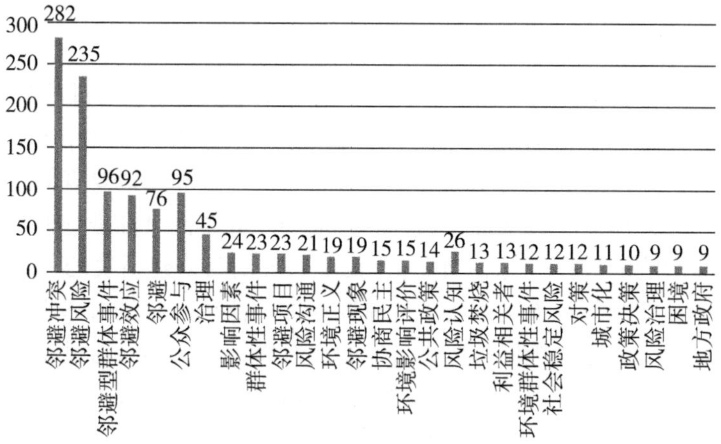

图 1-3　邻避文献的关键词

(一) 邻避冲突

邻避冲突本质上是邻避设施周边居民应对邻避设施带来的风险、维护自身利益产生的抗拒心理和采取的行动策略。邻避设施建设和运营的过程中，作为生产者的政府、邻避设施的建设方、运营方没有承担全部成本，作为消费者的全体社会亦没有承担全部代价，整体社会对邻避设施的消费威胁到了邻避设施周边居民的福利，违背了“谁受益谁补偿、谁受损谁获偿”的平等互惠原则，这种由于社会成本分布不均匀形成的相对剥夺感引发的公众与政府、公众与项目方之间的对立与冲突，称之为“邻避冲突”。

(二) 邻避风险

邻避风险是由邻避设施的兴建带来的邻避设施周边居民损失的不确定性。由于技术和制度的缺陷，邻避设施在产生整体社会效益的同时，因其技术和工

① O'Hare. Not on My Block You Don't: Facility Siting and the Strategic Importance of Compensation[J]. Public Policy, 1977, 24(4): 68-72.

② 何艳玲. “中国式邻避冲突——基于事件的分析[J]. 开放时代, 2009(12): 102-104.

程属性、规模和与周边社区的空间关系，给周边环境和社区带来了不以意志为转移的真实的工程风险①，主要包括环境风险、经济风险和名誉损失风险三种形态。环境风险是邻避设施的兴建给周边社区带来的生态环境损害的不确定性，如有害气体、污水、废渣等；经济风险是邻避设施的兴建给周边社区带来的经济利益受损的不确定性，如财产价值折损、生产成本上升等；名誉损失风险指邻避设施的兴建给周边社区带来的被标签化的不确定性，如污名化等。

(三)邻避型群体性事件

群体性事件指由人民内部矛盾所引发，由一定带有相同目的数量的人参与，并形成一定规模，采取集体上访、集会、游行、静坐请愿，或集体罢课、罢市、罢工，集体围攻冲击党政机关、重点建设工程和其他要害部门，导致集体阻断交通，集体械斗甚至打、砸、烧、抢等，群体性事件是一种对政府管理和社会造成影响的群体行为。② 由邻避设施的规划与兴建引发的邻避设施周边居民的群体性抵制行为无疑也属于群体性事件的范畴。它是由邻避设施的规划与兴建引发的，邻避设施周边居民自发的或有组织的聚集，通过制度外渠道向地方政府和邻避设施建设方表达利益诉求，对社会秩序造成一定影响的行为或活动。③ 邻避群体性事件的目标是向地方政府、邻避设施建设方发出信号或提出警告，表明对某一邻避设施的质疑或反对，其目的在于迫使该邻避设施停建或迁址。

(四)邻避效应

邻避效应指邻避设施周边居民担心邻避设施的建设和运行会对身体健康、环境质量和资产价值带来负面影响而产生的心理上的抗拒和行为上的抗争。邻避效应多起源于邻避设施的兴建，由于邻避设施的建设和运行常表现为效益产出由全体社会共享而负外部性却由周边居民承担的特点，不便于落实“谁受益谁补偿，谁受损谁获偿”的平等互惠原则，常常导致邻避设施建设运行过程中的信息失衡、回应失灵等情况。随着现代社会公民意识的普遍觉醒和环境权益维护意识的增强，一旦处置不当就容易演变为群体冲突事件，表现出较强的邻避效应。

---

① 侯光辉，王元地．“邻避风险链”：邻避危机演化的一个风险解释框架[J]．公共行政评论，2015(1)：19-20.

② 陈晋胜，张涛．群体性事件性质、原因的辩证分析[J]．中共山西省委党校学报，2003(3)：40.

③ 管再高．邻避型群体性事件产生的原因及预防对策[J]．管理学刊，2010(12)：58.

三、邻避研究的核心问题

通过对邻避文献的统计分析发现，研究者主要采用数据统计、理论概化、概念演绎、政策分析和混合分析五种方法。① 研究者最擅长的是进行政策分析，即采用“三段论”的分析框架，首先对问题情境进行描述和说明，其次对原因进行阐释和分析，最后基于特定的理论视角，提出政策方案或具体建议。理论概化法也是一种常用的分析方法，研究者通过对案例资料的深描，发现中国邻避现象的性质、机理，揭示其不同与传统冲突事件或国外邻避冲突事件的独特特征，从而在概括与抽象的基础上，创造出新的概念与分析框架，丰富邻避知识的理论谱系。也有一部分研究采用概念演绎的方法，即从某一概念或分析视角出发，重新阐释某一邻避问题，如基于不同人性假设的邻避情结、基于邻避效应的选址博弈等。研究者通过逻辑演绎，获得邻避研究的新知识，并论证某一概念或分析视角的解释力。

学界对邻避现象的深入分析和多维阐释，反映了研究者对此类敏感事件的学术洞察力与责任感。围绕邻避冲突、邻避风险、邻避型群体性事件、邻避效应等概念框架，研究者将其旨趣聚焦于以下核心问题。

（一）邻避设施选址与风险演化

纵观我国现阶段发生的邻避事件，邻避设施选址与建设是直接的导火索。作为“邻避”研究的起点，“邻避设施”在西方学者的文献中有诸多不同表述，如 noxious facilities（有害设施）、hazardous facilities（危害性设施）、risk facilities（风险设施）、NOTE facilities（not over there either facilities：不要设置在那里的设施）、LULUs facilities（locally unwanted land use facilities：地方不欲的土地利用型设施）、NIABY facilities（not in anybody's backyard facilities：不要建在任何人后院的设施）。自 1977 年欧海尔在《你不要在我的街区：设施设址和补偿的战略重要性》一文中提出“not on my block”这一说法后，到 20 世纪 80 年代，NIMBY facilities（not in my backyard facilities）被普遍采用。国内学界将 NIMBY 直译，普遍采用“邻避设施”的说法，并对其具体类型如垃圾焚烧站、核电站等展开研究。尽管研究者对同一现象的概念选用有一定差异，但总体而言，学界对邻避设施已达成一些共识。

一是邻避设施选址的成本效用分配不均衡。邻避设施所带来的效用一般惠及整个地区或较大范围的居民，其效用通常不被设施周边居民独占，而被社会

① 张乐．邻避冲突解析与源头治理[M]．北京：社会科学文献出版社，2017：18-19.

成员共享。这意味着邻避设施具有一定的公共性，有助于增进公共利益。但是，邻避设施选址提供的公共利益并非都是公民的福祉。① 一方面，某些邻避设施给地方政府带来巨大的税收利益，或给设施周边居民创造了就业机会等其他利益，但它并不一定是对地区或整体公共利益不可或缺的设施；另一方面某些邻避设施具有巨大的潜在负外部性，如环境破坏、生命威胁等，这些负面影响难以准确估算而被忽略不计，其净收益有可能为零甚至为负。“批评者无可非议地担心，根据所有的被忽视的建设成本，很多这类设施事实上是没有收益可言的，因为地方破坏性被忽视了。”②邻避设施的负面影响主要集中在设施周边地区，如垃圾填埋场会散发异味，影响周围空气质量；化工厂排出的废渣、废水、废气会影响周边水源、土地和空气；核电站的放射性危害会威胁周边居民的身体健康等。邻避设施的负外部性成本没有平均地分配给每个设施的受益者，而是离设施越近的居民承担更大的负外部性成本。这表明，邻避设施的利益被广泛分配，但其成本却倾向于地区化或局部化。

二是邻避设施周边居民对设施选址持反对态度。邻避设施选址的负外部性决定了设施周边居民对选址持反对态度。通常，离设施越近的居民对设施的反对态度更加强烈。原因在于距离设施越近，对邻避设施的风险感知更加强烈。尤其是设施威胁到周边居民及其子孙后代的生命安全时，居民对邻避设施的反对最为激烈和持久。邻避设施负外部性只有通过空间区位移动才能避免，即通过变更邻避设施选址或周边居民搬离邻避设施才能消除，但是新的邻避设施选址依然会遭到新址周边居民的抗议。因此，邻避设施常常会在贫穷、落后或有弱势人群的地区设址，其原因是弱势群体知识、资源相对缺乏，对邻避设施风险感知不明显。由于环境权益维护意识较弱、社会动员及抗争能力较低，且经济条件较差，弱势群体很难搬离邻避设施而成为其负外部性影响的承担者。

三是邻避设施的公共效用和负外部性影响存在不确定性。从实践来看，邻避设施确实有利于增进公共利益，但公共利益的获益范围无法明确，有可能是全社会所有公民获益，也有可能是设施周边相对较大的区域人群获益，还有可能仅仅是政府和开发商获益，而被扩大化为“公共利益”。公共效用的模糊可能会给邻避设施强制设置一个预设的“合法性”，这对保障公民权利和维护社会公平正义是十分危险的。同样，邻避设施的负面影响常常表现为潜在可能

① 陈宝胜．邻比冲突及其治理模式研究[M]．北京：中国社会科学出版社，2018：26.

② O'Hare, M.. Not on My Block You Don't: Facility Sitting and the Strategic Importance of Compensation[J]. Public Policy, 1997, 25(4): 407-458.

性，而不是一种确定性。邻避设施负面影响是否存在、程度大小存在一定的争议，如核电站是否会发生核泄漏事故，若发生事故，受影响范围和影响程度多大；垃圾焚烧站在发电过程中会产生多少危害人类健康的二噁英……这都是难以准确计算的。此外，邻避设施负面影响的类型也是多样的：财产价值贬值；只要一个设施被设址以后，社区阻止其他不想要的土地被利用的能力会下降；因为噪声、交通拥堵、气味等造成的生活品质下降；社区形象受损、社区服务和社区预算的额外增加；设施的外观不符合常人审美等。① 政府、开发商、专家、公众对邻避设施负面影响的类型常常存在争议，反对邻避设施的群体会夸大设施的负面影响，支持邻避设施的群体会倾向于缩小设施的负面影响，从而增加利益博弈的筹码。邻避设施公共效用和负外部性影响的不确定性为科学选址和利益相关者之间的利益调适增加了难度，成为引发社会冲突的一个客观原因。

由于邻避设施负外部性影响不可计算，这就引发了风险分配的难题。风险伴随邻避设施选址而生产和分配，在风险感知的影响下逐步演化为一种社会风险。邻避设施基于特定的科学技术而兴建，科学技术有助于推动人类社会的进步，但因其有限性和不确定性，也会带来一定的负面影响。邻避设施在技术上的局限性会给外部环境带来真实而客观的技术风险，进而引发环境风险，并带来经济风险。例如某些大型建设项目的建设和运营会产生有害气体、水源污染或噪音污染，从而造成设施周边房产价值贬损或生活品质下降。在邻避设施选址、建设、运营的过程中，客观风险不断积累和强化。在这一过程中，并非邻避设施的客观风险被增加和放大，而是在社会文化和个体心理因素的影响下，人们对风险的感知越发真实和强烈。到底是什么促使客观风险向感知风险演化呢？

利益公众的感知分析十分复杂，包括感知健康风险、利益风险、安全风险、声誉风险等。在邻避项目论证和建设过程中，政府信息沟通与公共参与的制度设计对利益公众自我建构感知风险起到了关键性作用。由于知识结构和立场的差异，公众与政府及专家对客观风险的认知具有“非对称性”，政府和专家在风险沟通过程中，仅仅将公众参与及项目环评等工作在相关政府部门网站公告，未将风险来源、影响、应对措施等信息向公众充分展示，也未充分听取公众的意见，造成利益公众感知风险远远超出可接受水平。当公共参与“走过场”和风险沟通失效时，感知风险不断显化和积累，逐步演变为社会稳定风

① Sandman, P. M.. Getting to Maybe: Some Communications Aspects of Siting Hazardous Waste Facilities[J]. Seton Hall Legis, 1986, 9(2): 442-465.

险，并形成上访、聚集、静坐、散步，甚至以群体性事件的形式爆发。

邻避设施选址与风险演化的研究为理解邻避困境提供了一种分析框架，也为从源头上管控、阻滞邻避风险奠定了理论基础。

(二)邻避情结的影响因素与邻避行动的生成机制

在台湾学者关于邻避问题的研究中，邻避情结是一个十分重要的概念。邻避情结的形成也是基于邻避风险的主观建构。有台湾学者认为邻避情结和邻避态度在内涵上具有一致性，如李永展认为"邻避情结是一种个人或社区反对某种设施或土地利用所表现出来的态度"。① 邻避情结作为一种心理活动，是因为公众担心邻避设施的潜在危害会对其产生负面影响，需要承担一定的负外部性成本而产生的。这种担心源于对邻避设施危害的历史记忆或亲身经历。它们使邻避设施在公众心中成为一种观念、情感、意象的复杂综合体，从而产生邻避情结。

公众的邻避情结体现为对邻避设施的嫌弃、厌恶和反对，是邻避行动的心理动因。对于邻避行动的内涵，学界有较为一致的认识，迪尔(M. Dear)认为邻避行动是指社区居民对在他们的社区附近拟建的不受欢迎的设施所采取的策略和行动。② 邻避行动基本是环境主义的，即非常重视这些设施对环境的影响，邻避行动有时并不是基于任何技术、经济或行政层面上的理性讨论，而仅仅是一种情绪性的抵制现象。③ 从现实表现来看，邻避行动有多种表现形式，它起始于公众基于利益诉求的个体理性抗议，随着个体之间情感与价值共鸣的形成，个体理性抗议向集体理性抗议转变。当制度内的表达受阻或失效时，理性抗争会转化为非理性的、制度外的抗争行动。在这一过程中，个体层面的"邻避情结"演化为邻避行动主要受到社会文化与社会心理的影响。

张乐在《"邻避"行动的社会生成机制》一文中将影响邻避行动生成的社会心理与文化因素总结为社会心理方面的群体性压力、社会文化中的信任缺失和社会风险环境中的文化想象。④ 它们的相互作用使个体的邻避行为转化为大规模的邻避行动。何艳玲通过对"美景花园反变电站事件"的分析，认为中国式

① 李永展．邻避设施冲突管理之研究[J]．台湾大学建筑与城乡研究学报，1998(9)：33-34.

② Dear, Micheal. Understanding and Overcoming the NIMBY Syndrome[J]. Journal of the American Planning Association, 1992, 58(34): 288-300.

③ Vittes M. E., Pollock III P. H., Lilie S. A.. Factors Contributing to NIMBY Attitudes[J]. Waste Management, 1993, 13(2): 125-129.

④ 张乐．"邻避"行动的社会生成机制[J]．江苏行政学院学报，2013(1)：68-69.

邻避行动是动员能力与反动员能力在共时态生产过程中"互构"的结果。[①] 其中政府部门及相关企业反动员能力的生产是为了消解业主的动员能力。动员能力与反动员能力并非结构性的，而是过程性的。在个体理性抗议阶段，动员能力初始生产，反动员能力处于潜伏阶段；在集体理性抗议阶段，动员能力稳定生产，反动员能力则初始生产；在集体非理性抗议阶段，动员能力超常生产，反动员能力密集生产；在个体多形态抗议阶段，动员能力消解，反动员能力稳定生产。政府反动员能力的不恰当生产使邻避行动升级扩大，并转化为大规模的冲突事件。

通过对邻避情结影响因素与邻避行动生成机制的分析，可以改变过去简单地把邻避情结和邻避行动看成是非理性的、自私的观念和行为的倾向与论调，使人们客观分析其生成机理与演进逻辑。尽管邻避情结和邻避行动有非理性的表象，但其中也蕴含着诸多理性成分。与邻避设施关联的公众常常在多元理性(经济理性、价值理性、科学理性)的综合考量下形成多样的抗争形态，推动邻避行动的发展。把握邻避情结的影响因素和邻避行动的生成机制，有助于政府部门科学制定政策措施，防止邻避行动升级扩大为邻避冲突事件。

(三)邻避冲突成因及其治理模式

邻避冲突是一种社会冲突，它既涉及经济发展、技术改进，也涉及环境正义、公民参与等，其内涵有诸多界定，其成因错综复杂。

诸多研究者在描述邻避现象时揭示了邻避冲突的成因。如美国学者沃尔辛科认为，有一部分设施在给人们带来福祉的同时，也会产生一定的负面影响，如核能发电站可能有核泄漏和核辐射的风险，化工厂可能会污染环境，并产生有毒物质危及居民的健康。随着人们环境权益维护意识的增强和技术知识的增长，产生负面影响的设施，其选址、建设、运营会遭到人们强烈的反对，这种现象称为"邻避"。[②] 赫尔曼认为，邻避被描述成反对那些人们相信总的来说对社会有利的东西。这种公共利益会带来一定的风险，即利益分散于大范围的人群，而成本或风险集中在设施周边的群体。对于每个地方社区来说，最好的结果是不要接受这些设施，而让其他人接受它。[③] 这些定义从不同角度揭示了邻

① 何艳玲."中国式"邻避冲突：基于事件的分析[J]. 开放时代，2009(12)：106-108.

② Wolsink, M.. Entanglement of Interests and Motives: Assumptions behind the NIMBY-theory on Facility Sitting[J]. Urban Studies, 1994, 31(6): 851-866.

③ Hermansson, H.. The Ethics of NIMBY Conflicts[J]. Ethical Theory and Moral Practice, 2007, 10(1): 23-24.

避冲突的原因，主要包括：一是邻避设施的负面影响，包括潜在的技术风险、环境风险和经济风险。二是公众环境权益维护意识的增强。在人类社会的发展历程中，尤其在工业革命兴起以后，具有负面影响的公共设施数不胜数，但直到20世纪六七十年代以后才形成大规模的邻避冲突。这与西方国家在20世纪60年代兴起的民权运动和环境保护运动有密切关系。在这些运动中，公民权利意识，尤其是环境权益维护意识不断增强，为邻避冲突奠定了思想基础。三是现代科学技术的发展。现代科学技术造就了大量的邻避设施，如核电站、垃圾焚烧站、PX项目等，但科学技术的负外部性作为一种“人造风险”，危及人类生存环境、身体健康和生命安全。同时，现代传播方式使公众获得更多关于邻避设施的负外部性信息，大幅度提高社会动员的效率。

邻避冲突的成因分析是治理邻避冲突的基础。这意味着要依据邻避冲突的成因，采取科学有效的邻避冲突治理措施。对此，学者们尝试提出了不同的邻避冲突治理模式，如管制型治理模式、以市场为主导的参与式治理模式、以社会为主导的参与式治理模式等。这些治理措施与方法不再局限于邻避引发的社会冲突，而是从设施属性、心理情结、行动逻辑等多个维度分析邻避现象，并探索系统性的治理策略，体现了“治理邻避”向“邻避治理”的思路转变。这一转变，改变了早期研究者将邻避现象作为一种负面现象的认知。如拉夫特和克拉里指出，“邻避是强烈的、有时是情绪化的、常常是固执的，地方反对那些居民认为会带来有害影响的设址建议”。① 一些学者将邻避简单地视作非理性、情绪化或自利性的行为，忽视了邻避设施对周边地区环境和经济价值，以及对周边公众生命安全的潜在危害和负面影响，也否认了周边公众维护自身环境权益的合法性和正当性，主张采取强制性措施进行打压和控制，从而激化了事态的进一步发展。邻避冲突治理必须在“治理”的思维下，通过对邻避现象生成机理与演进逻辑的全方位剖析，构建良性互动机制，以增强社会的稳定。

（四）对现有研究文献的简评

基于对现有邻避研究成果的分析，可以发现，冲突治理是邻避研究的重要议题。从过程分析来看，邻避设施、邻避效应、邻避风险、邻避诉求、邻避决策统合于邻避冲突治理过程，即邻避设施建设引发了关于设施风险的认知，进而形成邻避效应，设施周边居民将对邻避风险的感知外化为利益诉求表达，并触发政府政策议程。封闭化的精英决策模式将公众排斥在决策系统之外，其利

① Kraft, E. & Clary, B.. Citizen Participation and the Nimby Syndrome: Public Response to Radioactive Waste Disposal, [J]. The Western Political Quarterly, 1991, 44(2): 299-328.

益诉求得不到实质性回应，公众借助媒体力量加强社会动员，从而酝酿形成体制外的抗争行动，导致邻避冲突。邻避冲突的生成机理揭示了冲突治理的核心环节和行为逻辑，而冲突治理研究在一定程度上整合了邻避研究的相关议题，体现出突出的问题指向与实践导向。事实上，就现有的研究成果来看，邻避过程的冲突性被研究者展现得最为充分，在原因分析中发现，不科学的治理模式是导致冲突的根源所在。

关于邻避冲突治理，其成果见诸国外生态环境学派、地理与城市学派、社会行为心理学派的相关研究中，从中可以勾勒出三条治理途径：一是技术处理路径，该路径从环境整治视角出发，主张通过技术开发或危害转移来降低邻避设施对周边地区的负面影响(Pomper，1989；Nichols，1988)；二是经济补偿路径，该路径针对邻避设施成本与效用分配不均衡的特性，主张采取邻避设施收益者对周边居民提供经济补偿的办法以鼓励接受邻避设施设址(Lesbirel，1996；Smith & Kunreuther，1999；Groothuis & Whitehead，2008)；三是公众参与路径，该路径旨在构筑制度化的公众参与渠道，让公众参与邻避设施的选址与规划、邻避效应影响评估、对邻避设施所在社区的长期保护等重大公共政策中(Kraft &Clary，1991；Davis，1986)。其中，自下而上的公众参与被认为是邻避冲突治理的重要方案。

中国大陆对邻避冲突及其治理的研究起步较晚，在借鉴国外和台湾地区相关研究成果的基础上，揭示了中国邻避冲突区别于其他国家(地区)的特殊性，广泛讨论了邻避冲突的成因、本质及治理措施等问题，形成了关于邻避冲突治理的四种观点：一是补偿的观点。即通过金钱或其他回馈的方式如直接金钱补偿、同类型奖偿、应急基金、好处保证和经济友好奖励等，减轻设施周边居民的损失，以降低居民的抗争，形成一个可接受的“诱因包裹”(何艳玲，2009；张向和，2010)。二是冲突管理的观点。将邻避冲突视为群体性事件，侧重于分析冲突各方的认知、资源、利益和信息，主张实施合作治理的策略，防止邻避冲突的升级扩大(童星，2010；董幼鸿，2013)。三是社区主义的观点。强调社区在促进居民参与邻避设施选址、规划等重大公共政策中的作用，鼓励社区居民与地方政府的互动，以降低讯息传递及互相了解所花费的交易成本，进而化解邻避冲突(胡象明，2013；诸大建，2011)。四是风险沟通的观点。强调公共政策过程中的沟通和信任是防范邻避冲突的关键，主张突破专家政治的知识垄断与决策垄断，引入第三部门对公共政策进行客观地评估，并介入技术性问题的评判，从而在促成政府和公众相互信任的基础上，加强风险沟通，进而化解冲突(童星，2010；熊炎，2011)。

从以上可以看出，邻避冲突及其治理研究具有较大的包容性，在一定程度上统合了邻避设施、邻避效应、邻避风险、邻避决策、邻避行动的相关研究成果，为进一步深入开展邻避冲突治理研究奠定了扎实的基础。现有研究成果的价值主要体现在两方面：一是学者们秉承实证分析传统，在研究过程中积累了大量邻避冲突案例，为邻避冲突治理研究提供了丰富的研究资料；二是学者们在规范分析和实证分析的基础上，广泛讨论了邻避冲突的成因、邻避设施的项目规划与决策模式、公民参与、补偿激励等治理问题，为系统分析邻避冲突治理模式及其有效性奠定了基础。但现有研究仍存在缺陷。

一是邻避冲突治理研究的系统性不足。国内外相关文献以期刊资料为主，有少量专著。主要是基于单一案例的实证考察或从某一角度出发针对特定问题的分散研究，如邻避决策风险评价、邻避设施选址中的环境正义等。学界尚缺乏对不同国家和地区邻避冲突特征及治理方式的比较研究，也缺少对邻避冲突治理模式、运行机制、治理绩效的系统性分析。

二是邻避冲突治理的理论研究有待深化。从现有研究成果来看，邻避冲突治理研究以经验研究和政策分析为主，一些核心问题如邻避冲突的本质与成因、邻避冲突强度的影响因素、邻避冲突治理中的公民参与机制、邻避冲突治理模式的适用性与有效性等存在较大争议，且缺乏规范性论证和有力的理论支撑，关于邻避冲突治理的理论研究有待拓展和深化。

本书聚焦邻避冲突治理问题，采用案例研究和访谈调查方法，揭示政府管制型邻避冲突治理模式的基本特征、生成机理与现实困境。基于对邻避冲突治理范式及转型逻辑的梳理，将具有“通过理性陈述理由解决偏好冲突”特质的“协商民主”理论引入邻避冲突治理，在实证分析和矫正邻避冲突参与者协商地位的基础上，构建邻避冲突协商治理模式，旨在用参与式民主的方式解决邻避冲突，并探究协商民主这一新型民主治理模式在公共治理实践中的运行机制和操作模式。

第三节 研究思路、方法技术与价值

一、研究思路

本书将邻避冲突治理视作一个可以被科学化和结构化的理论命题，将其理解为冲突各方对冲突进行干预、处置、预防和化解等策略、方法、程序的总和。但邻避冲突治理并非纯粹的技巧，而涉及制度、文化、结构等多个方面。

因此，本书在研究思路上强调认识论层面的“理论范式—客观经验”的互动交融，同时注重制度、结构等因素的分析及“过程—事件”的动态把握。在研究范式上，依循“以国家为中心”的冲突治理研究范式，即将邻避冲突理解为是一种政治现象，充分关注邻避冲突现象的政治根源，以及国家回应冲突的样式和治理模式。具体而言，首先，从公众与公共行政权力之间互动关系的视角，对邻避冲突治理的演进与逻辑做一个简略的学术史归纳和实践样态的考察，把握邻避冲突治理的基本范式及其转型。其次，通过对典型邻避冲突案例的分析，从理念、主体、机制、路径四个维度揭示政府管制型邻避冲突治理模式的特征与绩效。再次，结合对邻避设施周边民众、相关政府部门工作人员的访谈和参与式观察，剖析政府管制型邻避冲突治理模式的生成机理及现实困境。最后，在考量协商民主对邻避冲突治理价值及邻避冲突协商治理实践条件的基础上，构建邻避冲突协商治理模式。

本书的主要内容包括：近年来政府邻避冲突治理的理念、主体、机制与方式；政府管制型邻避冲突治理模式的生成机理、绩效评价、现实困境；协商民主对邻避冲突治理模式创新的理论价值；邻避冲突协商治理的实践挑战和运行条件。在上述研究的基础上，笔者试图提出邻避冲突协商治理模式的系统架构、运作机制、实践进路。为此，近年来，笔者整理了大量邻避冲突案例资料，并对这些经验材料进行变量统计和分析，为深刻揭示当前政府邻避冲突治理模式奠定了基础。本书的材料搜集还包括对邻避设施周边民众、相关政府部门工作人员的访谈记录，对部分邻避冲突事件的参与式观察等，本书在附录中列出了部分相关资料。

二、研究方法与具体技术

按照以上研究思路，本书综合运用多种研究方法及具体技术，既有价值参照基础上的理论诠释，也有依托经验材料的实证分析。

（一）研究方法

1. 文献研究法

围绕着研究对象，以“NIMBY”“controversial facilities”“NIMBY Contention”等为英文关键词，在Web of Science、EBSCO等外文数据库进行检索，收集、研读国外关于邻避问题的重要文献。同时，以“邻避”为篇名，以中国知网中的期刊、博硕士论文、学术辑刊为范围检索文献。基于关键词提取和聚类分析的结果，对邻避研究方法、研究视角进行归纳总结，并进一步提炼当前邻避研究的核心问题，更好地把握邻避冲突研究与相关邻避问题研究的关系及其独特性。

2. 案例研究法

案例研究法是本书使用的一种重要方法。本书以《中国环境报》及相关网络公开资料为样本，对2003—2017年的邻避冲突事件进行梳理，选取历年受到广泛关注的典型邻避冲突事件，对事件发生过程中的公众抗争行动和政府治理行为进行分析，进而提炼政府治理行为选择的内在逻辑。为了确保案例具有典型的代表性，本书选取的是被广泛报道，并有资料能够再现事件发展过程的案例，同时考虑邻避设施的广泛性、邻避抗争强度、事件区域分布等。在分析过程中，对案例的关键事件过程、主体类型、主体关系、决策方式、治理目标、治理结果等进行统计，目的是还原事件发展过程，对政府邻避冲突治理进行整体性勾画，为深入揭示政府邻避冲突治理模式的特征及其生成机理奠定基础。

3. 访谈法

为了充分了解政府管制型邻避冲突治理模式的生成机理和困境，本书对邻避设施周边民众、政府信访部门、环保部门工作人员进行访谈。访谈一共进行了10次。访谈能够有效了解访谈对象对研究问题的熟悉程度，同时给予对方一定思考和表达空间，从而更好地了解访谈对象对邻避冲突及其治理的认知。访谈包括两类：一是对邻避设施周边公众的访谈。2015年6月上海金山区市民游行抗议PX项目，2017年5月上海市松江区某小区发生社区居民抗议临终关怀设施兴建的冲突事件，笔者以此为契机，对设施规划地周边的民众展开调研，访谈的要点是社区居民对邻避设施的接受程度、抗争理由、抗争方式、公众参与邻避项目决策的情况、补偿偏好等。二是对政府信访部门、环保部门、规土局工作人员的访谈，访谈的要点是邻避项目决策程序、邻避项目的环评和社会稳定风险评估、公众意见的吸纳与反馈机制、冲突治理措施等。除此以外，还通过参与相关学术和实务交流论坛，了解邻避冲突发展态势及其治理现状。针对访谈、参与观察获得的数据资料，本书运用归纳法和理解法进行分析，力图将规范分析建立在真实、具体的访谈调查的基础上。

（二）具体技术

1. 文献计量分析

文献计量分析技术有助于对相关研究进行梳理，并进行可视化呈现。针对检索的文献资料，本书运用计量分析方法对其发表年份、学科分布展开分析。通过对文献关键词的提取和聚类分析，归纳总结邻避研究的方法和视角，揭示当前邻避研究的关键主题。

2. 层次分析方法

层次分析法（Analytic Hierarchy Process，AHP）是由美国匹兹堡大学教授T. L. Saaty在20世纪70年代中期提出的。该方法将复杂问题分解为多个组成因素，并将这些因素按支配关系进一步分解，按目标层、准则层、指标层排列起来，构建一个多目标、多层次的模型，形成有序的递阶层次结构。层次分析法的基本思想就是将组成复杂问题的多个元素权重的整体判断转变为对这些元素进行“两两比较”，然后再转为对这些元素的整体权重进行排序判断，最后确立各元素的权重。为深入探究影响邻避冲突参与者平等协商的关键因素，本书运用层次分析法，首先构建协商地位影响因素层次结构模型，其次构造判断矩阵进行各层次指标的权重分析，并进行一致性检验，最后，根据结果对邻避冲突参与者协商地位影响因素层次结构模型进行修正。从而为矫正邻避冲突参与者的协商地位、促进邻避冲突协商治理模式在实践中运行奠定基础。

三、研究价值

1. 有助于推进冲突治理的本土化研究

社会冲突是政治社会学的核心议题。20世纪60年代，社会冲突日益受到西方社会学家的关注，并成为他们分析社会变迁的重要论据。作为一个理论派别，社会冲突理论通过汲取卡尔·马克思、马克斯·韦伯、格奥尔格·齐美尔等古典社会学家有关冲突的思想，在批判结构功能主义的基础上逐渐成为社会学的主要流派之一，其理论成果丰硕，包括刘易斯·科塞的冲突功能主义与“安全阀”理论、达伦多夫的辩证冲突论、柯林思的“冲突根源论”、李普塞特的“冲突一致论”等。这些研究很好地解释了冲突的形成原因和演进过程，并提出了解决冲突的措施，形成了“冲突解释学”和“冲突治理学”两条基本研究线索。

现有的研究成果很好地解释了当时西方社会矛盾激化、动荡不安的突出问题，并提出了解决问题的办法，对资本主义改良起到了积极的作用。20世纪90年代后半期，国内学界逐渐开始关注社会冲突研究，通过引介、梳理、评述，分析西方社会冲突理论的概念、观点和范式。和其他领域一样，这样的研究思路有可能带来“食洋不化”的问题，即对西方国家社会冲突进行理论概括和经验总结的成果，未必能完全适用于中国特殊的国情和社情。在中国研究冲突治理问题时，有必要对西方的研究成果进行修正，从而构建本土化的冲突治理体系。

值得关注的是，西方的社会冲突理论基本上是以社会为基石搭建的理论体系，强调社会的充分发展，并倾向于用社会自身的变化，如社会阶层结构的变化、资源动员能力的增强、相对剥夺感的产生等来解释冲突现象。在冲突治理中，也主张通过社会社团中权威的再分配来化解冲突。而在中国，社会冲突往往是国家强势“侵入”社会领域的结果，也就是说群众的抗争行动常常是被国家力量“激发”的。因此，中国本土化的社会冲突研究需要充分关注社会冲突的政治根源，分析社会冲突与政治体制及政府治理的关系，也许这将是中国社会冲突研究的一个更具解释力的视角。本书从“以国家为中心”的视角出发，聚焦邻避冲突频发对政府治理构成的现实挑战，分析中国邻避冲突治理模式创新问题，将更好地推进中国社会冲突的本土化研究。

2. 有助于完善冲突治理制度

我国目前已建立了一系列冲突治理制度，包括信访制度、调解制度、诉讼制度等，这些制度被纳入“维稳体制”，并按照“维稳”的实际需要进行一定的变革。其中，信访制度作为一种具有中国特色的冲突化解机制，被民众寄予希望而普遍采用。信访提供了一种民意表达的渠道。通过该渠道，上访者进行政策反馈，对政府工作进行监督。在执政者看来，信访反映的社情民意比经层级节制的官僚体系传递的信息更加真实，执政者通过批转来信来访，及时排查重要社会问题和社会矛盾，从而保障群众利益。同时，信访作为司法救济的补充程序，通过权威仲裁和利益协商，解决纠纷并实现公民的权利救济。

然而，这一套制度却在实践中功能异化，主要表现在：一是“信访不信法”，即信访结果推翻司法判决；二是“不闹不解决，小闹小解决，大闹大解决”，即“闹大”心理影响下的集体上访和越级上访；三是“职业上访”与“花钱买平安”；四是“拦访截访”与“以气抗争”。① 可见，实践中以信访制度来化解冲突导致了“维稳的悖论”——“越维稳，越不稳”。这也反映出信访制度冲突治理功能的弱化和当前中国社会利益调节、整合机制失灵。冯仕政基于“国家政权建设”理论，认为这种困境的主要根源是信访制度的国家定位(社会动员或冲突治理)与访民上访动力(利益表达或政治参与)的错位。② 这导致信访在化解冲突的过程中也制造出大量的冲突，信访制度化解冲突的功能要重新审视。

行政诉讼制度是专门解决民众与政府官员之间行政争议的冲突治理制度。

---

① 张海波．全面改革窗口期的信访制度改革[J]．南京社会科学，2016(2)：80-81.

② 冯仕政．国家政权建设与新中国信访制度的形成及演变[J]．社会学研究，2012(4)：41-44.

人民法院通过依法受理和审判行政诉讼案件，引导相关利益群体理性表达利益诉求，通过对行政行为的判定，协调公共权力和公民权利的关系。长期以来，行政诉讼制度在实践中面临着立案难、审判难、执行难的问题。据统计，我国每年的行政纠纷有400万—600万件，而全国法院年均受理的一审行政案件数量仅有10万件左右，约占行政纠纷总量的3%。大量的行政纠纷难以进入行政诉讼程序，即便法院受理，也难以得到实质性解决。

作为冲突预防的决策听证制度，在我国有近20年的发展历史。自1999年《价格法》实施后，决策听证制度由点及面逐步推进。各地对涉及面广、与人民群众利益密切相关的行政决策积极启动听证程序，充分听取政府相关工作负责人、专家、公众代表等各方意见。要求对听证会中各方提出的合理意见和建议要予以吸收、采纳，并作为行政决策的重要参考。但从实施效果看，决策听证一直面临着走过场、作秀的质疑，引发了公众对政府的信任危机。决策听证制度在实践中遭遇困境的原因有多方面，其中一个重要原因是公众参与对最终决策的约束力不明确，公众意见难以真正为决策者所考量。可见，决策听证制度欠缺完善的意见回应机制，不能真正成为表达利益诉求、调适利益冲突的渠道。

这些冲突治理制度的弊端造成的后果是制度外的冲突解决方式大量存在，且被作为一种优先选择。很多抗争者选择制度内的冲突化解方式时，也会在事前或事后选择制度外的方式，目的是在“维稳体制”下增加个人利益诉求被决策者吸纳的可能性。当制度外的抗争成为一种被普遍认同和采纳的行动策略时，这不仅降低了政治系统的合法性与威信，也对社会稳定与和谐秩序构成挑战。

为了应对冲突显性化和常态化的局面，早在2004年，党中央在《中共中央关于加强党的执政能力建设的决定》中就提出“妥善处理各方面的利益关系，正确处理人民内部矛盾……建立健全社会利益协调机制，引导群众以理性合法的形式表达利益诉求、解决利益矛盾，自觉维护安定团结”。[①] 2006年《中共中央关于构建社会主义和谐社会若干重大问题的决定》强调“要适应我国社会结构和利益格局的发展变化，形成科学有效的利益协调机制、诉求表达机制、

① 中共中央关于加强党的执政能力建设的决定[EB/OL].(2008-08-20)[2018-07-18]. http://www.gov.cn/test/2008-08/20/content_1075279.htm.

矛盾调处机制、权益保障机制”。① 党的十八报告将社会管理作为重大战略，提出建立健全重大决策社会稳定风险评估机制。十九大报告提出“加强预防和化解社会矛盾机制建设，正确处理人民内部矛盾”的现实要求。② 这表明，完善冲突治理制度已成为我国政治体制改革与建设的重要内容。本书在考量协商民主对邻避冲突治理价值及邻避冲突协商治理实践条件的基础上，将协商民主理论引入邻避冲突治理，探索邻避冲突协商治理模式的系统架构和运作机制，为邻避冲突治理实践提供一种新的思路和方案。

① 中共中央关于构建社会主义和谐社会若干重大问题的决定[EB/OL].（2006-10-19）[2018-09-07]. http://cpc.people.com.cn/GB/64093/64094/4932424.html.

② 决胜全面建成小康社会　夺取新时代中国特色社会主义伟大胜利——在中国共产党第十九次全国代表大会上的报告[EB/OL].（2017-10-28）[2018-11-13]. http://cpc.people.com.cn/n1/2017/1028/c64094-296/63660.html.

第二章　邻避冲突治理的演进与逻辑：一个前提性分析

本书的主题是邻避冲突治理模式。邻避冲突治理与其他公共事务治理一样，都与制度环境、价值观念有密切关系。在某种意义上，民主政治的发展、社会稳定观的变化等因素会影响邻避冲突治理模式的选择，并推动邻避冲突治理模式的变革。因此，我们有必要在研究邻避冲突治理的具体问题之前，对邻避冲突治理的演进与逻辑做一个简略的学术归纳和实践样态的考察。这有助于我们把握不同治理模式的特征及其有效性，进而为邻避冲突治理模式的具体分析提供方向和框架。

第一节　邻避冲突治理的概念阐释

一、治理的缘起

“治理”的兴起源于20世纪70至80年代英美等西方国家出现的经济衰退和管理危机，具体包括政府结构臃肿、效率低下，财政赤字激增等。在此背景下，福利国家和政府干预遭到强烈质疑，此时，西方国家开始探索新的治理模式，试图通过“治理”来克服市场失灵和政府失灵。20世纪90年来以后，治理迅速成为社会科学研究中最热门的研究主题，并广泛用于经济、政治、社会等领域。

何谓治理？“治理”一词源自拉丁语和古希腊语，原意是控制、操纵、引导。自1989年世界银行在描述非洲当时的情况时首次使用了“治理危机”一词以后，“治理”开始广泛用于政治发展的研究，成为政治学、行政学、管理学研究中最普遍采用、最有影响力的学术话语。

20世纪90年代以来，西方政治学家和政治社会学家对治理作出了诸多阐释。虽然治理概念十分庞杂，且容易被泛化，但全球治理委员会的界定还是得到了学界的普遍认同。全球治理委员会在《我们的全球伙伴关系》研究报告中指出："治理是各种公共的或私人的个人和机构管理其共同事务的诸多方式的总和。它是使用相互冲突的或不同的利益得以调和并采取联合行动的持续的过程。"①治理并不是一套规则或活动，而是由众多相互依存的主体持续互动的行为过程。这种行为过程是随着参与主体、主体间关系、治理对象及环境的变化而改变。治理强调多元主体的共同参与和协同运作，其理想目标是善治，即通过政府和民众对公共事务的合作共治，实现公共利益最大化。

治理理论的兴起是社会科学综合发展的结果，尤其是经济学、政治学、社会学为治理理论的建构提供了理论资源。而对公共管理的理论反思直接推动了新公共管理向治理的转型。新公共管理追求市场导向、强调效率至上，主张通过企业家政府、政府效能改革推动传统公共行政范式转型。但新公共管理将经济主义和管理主义过分扩张的导向背离了公共行政民主、公平、正义等基本价值。一些学者，如罗茨、斯托克等人就开始试图从"治理"的角度分析新公共管理的内在矛盾，主张走"第三条道路"，即鼓励公共参与和民间组织的发展，基于政府、市场、社会的信任与合作，重构公共事务治理体系。

随着治理的兴起，人们开始探讨各个领域的治理问题，如公司治理、社区治理、社会治理、全球治理等。治理理论和实践已渗透至经济、政治、社会的方方面面。随着治理研究的发展壮大，学者们根据不同的价值诉求和制度环境，汲取特定理论资源，形成了治理研究的理论谱系。

在急剧转型的中国社会，治理理论有广泛的适用性。一方面，中国近现代社会已有社会治理理念的萌芽和社会治理实践的发展，为治理理论的适用、推广奠定了基础；另一方面，治理理论所主张的政府与社会的多元治理、不同社会团体之间的良性互动能够有效破解长期以来政府一元治理的困境，对政府治道变革具有重要价值。进入新世纪以来，随着一些学者对治理概念和治理理论的引介，"治理"迅速以一种新的思潮、理论、范式、技术进入中国学者的视野。例如俞可平发表了关于治理的系列文章，指出了"治理"在权威主体、权威性质、权威来源、权力运行向度等方面的特征，并提出了"善治"的十个要素。② 王诗宗指出治理理论的核心概念松弛，而理论意图宏大，并基于公共行政学的视角，分析治理理论在中国的适用性。③

① 全球治理委员会．我们的全球伙伴关系[M]．英国：牛津大学出版社，1995：23.

② 俞可平．推进国家治理体系和治理能力现代化[J]．前线，2014(1)：5-7.

③ 王诗宗．治理理论及其中国适用性——基于公共行政学的视角[D]．浙江大学，2009：129-159.

与西方治理研究类似，中国学界对治理的讨论也聚焦在治理主体和治理机制上，即主张培育发展非政府组织和公民社会来实现治理主体的多元化，从由上至下的政府治理转向与由下至上的社会自治的良性互动。但不能忽略的是中西方治理兴起的历史背景有明显差异。在西方国家，治理的兴起源于面临经济危机、管理危机和信任危机的挑战，公众对官僚机构和公职部门表示排斥，主张自愿性组织和私营部门参与提供公共服务。公民社会的崛起成为治理理论的理论预设和实践条件。当代西方发达国家，大多有良好的公民社会传统。很多由政府处理的公共事务，转由非政府组织承担。这些非政府组织具有较强的专业性和良好的信誉，相对独立于政府而又能够实现和政府的互动合作。与此形成鲜明对比的是，中国的公民文化与西方的有较大距离，公民志愿团体无论在数量上，还是在活动领域方面都比较有限，长期以来一元化领导和集权结构在一定程度上制约了多元主体的成长。因此机械地将治理理论移植到中国土壤，并不能产生较好的效果。中国的治理实践必须与政府内部结构或制度的改革、公民社会的发展或培育同向同行，且突出强调政府在多元主体协同运作中的引导作用。尽管目前中国非政府组织独立性还不强，但已经成为不容忽视的社会力量；市场经济的发展培育了公民的参与意识；地方政府在提供公共服务的过程中，借助新的政策工具与社会力量合作，这些都为治理理论在中国的适用提供了可能。

治理虽“不提供一套规范的理论”①，但所主张的民主、法治、多元、合作使其具有较大的实践价值和应用前景。近年来，治理迅速渗透至中国各级政府的话语体系中，地方治理、社会治理、社区治理、数字治理、国家治理被学界和政界普遍采用。

党的十八届三中全会将治理上升到国家层面，使其成为统摄国家、政治、市场、社会各领域改革的目标范畴。作为全面深化改革总目标的系统概括，国家治理强调国家在治理体系中的重要地位，主张通过完善国家制度和增强制度执行力来保障治理功能的实现。2017 年 10 月，习近平主席在中共十九大报告中再次强调要坚决破除一切不合时宜的思想观念和体制机制弊端，不断推进国家治理体系和治理能力现代化，并将国家治理现代化的阶段性目标纳入“两个百年目标”的总体战略框架中，即“到 2035 年，国家治理体系和治理能力现代

① Gerry Stoker. Governance as Theory: Five Propositions[J]. International Social Science Journal, 1998, 50: 17-28.

化基本实现”；到2050年，完全“实现国家治理体系和治理能力现代化”。①

在推进国家治理能力与治理体系现代化的过程中，中国特色的国家治理模式逐步形成，成为治理研究中国化的成果，并体现出有别于西方治理理论的学术意蕴。基于发展中国家的实践发展和发达资本主义国家破解政治与行政危机的需要，全球范围内的治道变革开始兴起，治理俨然成为全球时代的“元话语”。尽管治理已无处不在，但在微观机制和方法论层面还有待进一步研究。只有将治理理论与具体的公共事务相结合，深入探索公共事务的治理之道，治理理论才会彰显更强大的理论魅力。

二、邻避冲突治理的内涵

20世纪70年代以来，一系列具有显著负外部性的公共设施受到邻近地区的强烈抗议，政府、企业、居民围绕是否兴建、兴建在哪、如何兴建展开博弈，并引发冲突，邻避冲突成为一种新型社会冲突。尽管邻避冲突的起因是邻避设施的负面影响及其成本效用分布不均衡的客观属性，但其演化升级的根本原因在于公民环境权益维护意识显著增强背景下，社会利益结构失衡和利益整合机制的缺失。这与当前社会冲突产生的内在机理具有一致性，即邻避冲突实质上也是不同利益集团(政府、企业、居民)之间矛盾持续积累的体现。

针对邻避冲突产生的原因，地方政府在实践中采取了一系列治理措施。邻避冲突治理是一项系统化的政策实践，它将地方政府在实践中分散化、个案式的探索予以体系化、理论化。在早期的邻避冲突治理实践中，技术手段备受青睐，如美国一半以上的州政府希望通过垃圾分类和循环利用来减少垃圾的处理量，或采取危害转移的方式减少垃圾处理设施设址冲突。② 然而，技术手段只能减少少量的垃圾处理量，并不能从根本上减少对垃圾处理设施的需求。当技术手段不能真正解决邻避冲突时，实务界开始寻求新的治理方式。其中，回馈补偿和公众参与在实践中广泛应用。如北京市在垃圾处理地域的生态补偿中采取了货币补偿及择业、入股、划地和社会保障等多种补偿方式。美国威斯康星州核废料储存场设址中通过建立补偿回馈，提高了24%的公众接受度。鉴于

---

① 决胜全面建成小康社会　夺取新时代中国特色社会主义伟大胜利——在中国共产党第十九次全国代表大会上的报告[EB/OL].(2017-10-28)[2018-11-13]. http://cpc.people.com.cn/n1/2017/1028/c64094-29613660.html.

② Pomper, D.. Recycling Philadelphia v. New Jersey: The Dormant Commerce Clause, Postindustrial “Natural” Resources, and the Solid Waste Crisis[J]. University of Pennsylvania Law Review, 1989, 137(4): 1309-1349.

邻避冲突是不同群体利益冲突的体现，在邻避冲突治理中引入公民参与也备受理论界和实务界的认同。台湾桃园在建设长生电厂过程中，不断邀请当地居民召开协调会、说明会、安全讲习活动，逐步消除社区居民的疑虑。湖北省仙桃市政府在垃圾焚烧项目设址过程中，采取风险沟通、实地考察、组织居民参与项目监督等措施，凝聚社会共识，使垃圾焚烧项目获得民众高达99%的支持率。这些解决和缓解邻避冲突的路径与机制为邻避冲突治理的理论构建奠定了基础。

邻避冲突治理是一整套路径与策略，贯穿于邻避设施规划、邻避决策、利益表达、应急响应的全过程。从邻避冲突的生成与演进来看，邻避设施引发了关于设施风险的认知，邻避风险认知的差异表现为不同的邻避诉求，相关主体试图将邻避诉求嵌入邻避决策系统，当公众的邻避诉求未被有效吸纳和满足时，公众将采取抗争行动施加外部压力，从而导致邻避冲突的产生。因此，邻避冲突治理包含邻避设施、邻避效应、邻避诉求、邻避决策与邻避冲突等维度。邻避冲突治理需要正本清源，追根溯源式地找到引发冲突的原因，根据邻避冲突生成、演进的基本规律，提出切实可行的治理策略。

第二节　邻避冲突治理的两种范式

范式是一整套注入原则、框架、方法等综合的“共同体”，体现为共同体共同遵守与认同的范例。在邻避冲突治理研究中，逐步形成了理解和分析邻避冲突前提、方法、基本假设的概念框架和原则方法。在研究邻避冲突治理的具体问题之前，有必要对邻避冲突治理范式及其演变做学术归纳和实践样态的考察，以期对不同治理模式的有效性进行判断，为邻避冲突治理研究提供理论依据。

长期以来，治理一直是维系社会秩序和社会关系的重要议题，目的是通过公权力的配置和运作，实现对公共事务的管理。治理中的规则既包括体现国家强制力的正式制度安排，也包括各种公众认可、符合公共利益的非正式制度安排。治理的核心是权力结构，治理权力的来源、配置和运作成为公共事务治理演变的内在依据。要总结邻避冲突治理实践中的不同方案，提炼邻避冲突治理的基本范式，需要考虑两个因素：谁在治理？如何治理？“谁在治理”回答的是邻避冲突治理中主体构成及其相互关系；“如何治理”考察的是邻避冲突治理手段与策略。其中，治理主体是影响治理效果的关键变量，也是考察治理范式的重要线索。因此，本书根据公众与公共行政权力之间的互动关系，将邻避冲突治理划分为管制型治理、参与式治理两类范式，并对其治理主体、治理目标、治理手段逐一考察。

一、管制型治理

"管制"一词来源于英文中的"regulate"。汉语将其主要翻译为管制或规制。管制狭义上是指"政府对经济行为的管理和制约"。① 广义上是指政府以行政或政治手段对公共事务进行管理，对公民的行为及经济、社会主体进行控制。国内行政学界普遍将管制作为一种政府模式来研究，提出所谓管制型政府的概念。

政府管制型治理的特点有三：一是政府单一主体。政府被以立法或其他形式授予管制的权力，成为管制者。政府作为垄断公共事务治理权力的单一主体，是计划经济时代全能政府在公共事务治理中的体现，也是传统统治型政府理念持续作用的结果。政府在公共事务治理中单一主体角色表现为社会中的一切资源、一切活动都必须受政府的调配，按照政府的主观意志来设定框架体系，使它们始终处于可控制的范围。二是依法治理。与统治作为一种基于人身依附的权治不同的是，依法治理是管制的基本精神。管制型治理的法治精神在很大程度上是出于控制权力的需要。管制机构的设置、权限，管制的手段、程序等都有明确的法定依据。依法治理使政府管制行为具有较强的稳定性。三是采取强制措施。政府管制型治理通常采用自上而下的决策和执行方式，一旦政策执行受阻，为了维护自身权威并确保政策执行到位，政府通常会动用合法使用国家暴力机器的权力，对不合作者实施强制措施，迫使其做出合作行为。

政府管制不仅对公共事务的治理产生深刻的影响，也是我国目前邻避冲突治理最普遍、最常见的范式。在垃圾焚烧设施、PX 项目、社区临终关怀机构等多种邻避设施设址引发的冲突事件中，地方政府普遍采取了管制型治理模式。其基本主张是政府作为邻避冲突治理的单一主体，治理的一切活动都由政府或者公共部门来安排和掌控，用强制手段来处置冲突。

政府的单一主体地位主要体现在政府是邻避设施选址、补偿措施、争议处置方案等邻避决策的决策者，是与邻避设施选址有关信息的掌控者，是政府管制措施的执行者和邻避冲突争议的仲裁者，而邻避抗争主体、邻避设施运营企业、专家、媒体等都属于邻避冲突治理的对象。政府在邻避冲突治理中垄断地

---

① Kahn. A. E. The Economics of Regulation: Principles and Institutions [J]. Cambridge, Mass: MIT Press, 1980: 25.

位的实现，依靠的是政府的权威和各种强制手段的运用。政府采取强制性补偿、信息封锁、舆论控制甚至限制人身自由的方式，对邻避设施反对者施加影响，使其做出达成邻避冲突治理的合作行为。

在绝对的政府权威下，政府管制型邻避冲突治理的目标是对邻避冲突的制止、控制、平息。受政绩考核的影响，地方政府在环保、信访、安全生产上出现重大问题，会被“一票否决”，这也就意味着一旦在实施“一票否决”的考核事项上出了问题，别的工作做得再好也没用。因此，由上至下的强力压制和短视行为逻辑下的临时治理成为政府管制型治理的基本策略。在压力型体制下，地方政府官员不计一切代价，动员各种力量，对邻避抗争者进行强力压制，防止冲突事件升级扩大，以获得社会秩序的表面稳定和邻避设施的成功设址。

从实践来看，政府管制型治理促进了部分邻避设施的成功设址。选址成功的原因是政府根据“最小抵抗路径”(Least Resistance Path)①原则，将邻避设施建在特定的地点及特定人群的生活领域中。特定地区通常是指偏远地区或贫困地区，特定群体一般是缺乏环境权益维护意识和社会动员能力的弱势群体。但随着民主进程的加快，当公共服务设施的负外部性影响达到一定程度或人们认知程度提升时，这些成本负担者将会有较强的动机与较高的组织能力来反对这项邻避设施，从而造成冲突。

在现代民主社会，邻避冲突是邻避设施负外部性影响、公民环境权益维护意识增强、民主政治发展等因素共同作用的结果。邻避设施的负面影响包括健康权益、生活环境和财产价值的受损，这些都涉及公民的基本权利，而现代民主政治的发展使公民的基本权利在法律和事实上得到确认与维护，为公民维护自身基本权利的抗争运动提供了政治空间。面对日益高涨的邻避抗争情绪和强烈的利益诉求意愿，政府采用管制型治理模式直接垄断邻避设施选址决策过程并使用行政权力强力压制公众抗争行为，这成为邻避冲突发生的政治背景和制度诱因。因此，邻避冲突发生既有邻避设施属性的客观原因，也与管制型治理模式的缺陷有关。这表明邻避冲突与邻避冲突治理模式之间存在较大的张力。而近年来日益频繁的邻避冲突事件，如上海松江国轩电池厂设址冲突、连云港核废料处理厂设置冲突、上海金山 PX 项目风波等，都表明管制型邻避冲突治理正陷入治理困境，极大地增强了我国邻避冲突的“不可治理”性，成为邻避冲突发生的政治背景和制度诱因。

---

① Kasperson, Roger E.. Dominic Golding, Seth Tuler, Social Distrust as a Factor in Siting Hazardous Facilities and Communicating Risks[J]. Journal of Social Issues, 1992, 48(4): 61-187.

二、参与式治理

20世纪70年代以来，参与式民主的发展对民主理论和治理实践产生了巨大的影响。它试图在新的历史条件下复兴古典公民参与的理想，以应对社会发展所遇到的困境。面对社会多元发展和各类社会问题凸显的挑战，参与式民主理论迅速进入公共治理领域，成为一种具有独特属性与功能的治理模式。关于参与式治理的内涵，国外学者们从不同角度进行了阐释，有的学者认为参与式治理就是参与式民主的实践模式，是为了克服代议制所带来的“民主危机”和不可治理性难题，从而在公共治理中拓展公民参与的深度与广度。① 有的学者认为，参与式治理主要体现在公共政策制定的过程中，即用民主的方式使公共政策更加审慎、透明。② 近年来，参与式治理在公共财政预算、公共政策、社区治理等领域有广泛的实践空间，在邻避冲突治理中也凸显出较大的应用价值，成为一种理想的冲突治理范式。传统管制型治理与参与式治理的区别如图2-1所示。

表2-1　　邻避冲突管制型治理与参与式治理的比较

	管制型治理	参与式治理
主体构成	政府	政府、公众、邻避设施运营企业、专家、媒体、社会组织
政府角色	邻避信息掌控者、邻避决策垄断者、管制措施执行者、冲突争议解决者	负责任的参与者和引导者、作为调处中介
公民角色	管制对象	冲突治理的发起者、邻避决策参与者、邻避项目监督者
手段方法	行政主导、强制性补偿、信息封锁、舆论控制、限制人身自由	多元参与、协商互动
治理目标	平息事态、刚性稳定	冲突缓和、韧性稳定
治理效果	治标不治本、“一建就闹、一闹就停”	标本兼治、凝聚社会共识、培育公共精神

① 范玫芳．“参与式治理研究”之现况与展望[J]．人文与社会科学简讯，2008(3)：43.

② 陈剩勇，赵光勇．“参与式治理”研究述评[J]．教学与研究，2009(8)：76.

1. 与传统管制型治理相比，参与式治理首先是一个赋权的过程

在政府管制型邻避冲突治理模式下，作为邻避抗争者的公众是被控制和支配的对象，邻避冲突治理的权力掌握在政府手中，公众几乎没有参与与邻避议题有关的决策的机会。参与式邻避冲突治理主张政府单一权力主体向多元治理主体转变，即“赋权给那些与政策具有利害关系的个人或组织，扩大其参与公共政策的决策过程”。① 参与式治理通过赋权，使邻避抗争者、邻避设施运营企业、专家、媒体等获得主体资格，掌握部分邻避冲突治理的权力，从而重新确立了邻避冲突治理中多元主体的合作关系，这对于正确认识和处理社会转型发展时期邻避冲突治理中政府权力与社会参与之间的现实张力显得尤为重要。

2. “参与”是邻避冲突参与式治理的本质特征

参与式邻避冲突治理借助既定的制度框架，尤其注重在邻避项目决策制定与执行过程中塑造公众的民主人格和激发社会公共意识。从政治学角度看，任何公共政策都是对社会利益的权威性分配，它对社会主体的利益表达和实现具有决定性影响。因而，在邻避设施设址、回馈补偿、争议解决等决策中，利益相关者的“在场”与均衡的利益博弈将是邻避决策合法性和正当性的保障。纵观近年来影响较大的邻避冲突事件，在政策制定过程中的信息封锁和利益相关者的“不在场”及其代言人的“缺位”，是引发冲突的关键原因。参与式治理将普通公民、邻避设施运营企业等利益相关者引入邻避项目决策和邻避设施运营管理过程中，通过组织邻避项目科普宣传、风险沟通、实地考察、公共讨论、组织公众参与项目监督等方式，最大限度地凝聚社会共识，使地方政府能最大限度地协调各方利益矛盾，确保项目获得公民最大限度的同意和认可。这不但使邻避项目决策过程和决策结果更加透明，而且通过引入积极的公民参与和有力的外部监督，有助于地方政府建立起上下互动、权力双向运行的互动机制，进而不断地激活现有制度的治理功能。

3. 平等协商是参与式邻避冲突治理的实践形式和制度保障

在邻避冲突治理中，利益相关者的诉求是多元的，这些多元利益经过冲突、对话、协商、妥协，才能有效整合。在治理过程中，多元主体平等对话、沟通协商，从而促成共识性的决策目标。为了使协商不陷入“公开排斥”和“政治包容”的困境，要注意协商主体的平等性、协商过程的对话性和协商结果的民意性。因此，协商的制度和程序必须严谨而规范，其中涉及理性交流、辩论

① Carole Pateman. Participation and Democratic Theory [J]. Cambridge: Cambridge University Press, 1971, 4(4): 583.

式互动、行动方案选择多个环节。协商为邻避冲突参与式治理提供了制度化运作的平台。通过公开、平等、理性、包容的协商，政府由邻避决策的垄断者转变为多元利益的协调者，公众从旁观者或体制外抗争者转变为直接参与者，公众参与邻避冲突治理的主体意识得到保障并不断增强。

4. 参与式邻避冲突治理以韧性稳定为目标

与管制型邻避冲突治理模式下，政府在邻避设施建设之初“偷偷摸摸”、释疑公众风险感知时“匆匆忙忙”、回应公众利益诉求时“遮遮掩掩”、开放公众决策参与时“忐忐忑忑”、面临大规模群众行动时“慌慌张张”①不同的是，邻避冲突参与式治理，通过多元主体的积极参与和平等协商，最终实现邻避设施建设中风险与收益、整体与局部的协调发展。参与式邻避冲突治理的目标不是通过高压手段避免冲突事态升级扩大、实现社会秩序的绝对安定，而是构建邻避问题处理的长效机制，以有效缓解邻避设施建设引发的利益分歧，使集权封闭、暴力强制的刚性稳定转变为动态开放、和平有序的韧性稳定。②

参与式邻避冲突治理所追求的是邻避冲突治理主体权责结构和互动关系的深刻变革。通过赋权，政府和邻避抗争者、邻避设施运营企业、专家、媒体之间形成互信互惠的合作伙伴关系，从而实现“善治”的理想状态。由此可见，传统的政府管制型邻避冲突治理模式只是一种“扬汤止沸”式的平息，而不是邻避冲突有效治理的根本之策。邻避冲突治理，要求从邻避决策基本问题的建构时，就以增进差异化观点之间的充分交流与相互理解为前提，将开放决策和平等协商作为邻避设施建设的制度性要求，引导不同利益群体在邻避议题上形成基础性共识。

第三节　邻避冲突治理转型的逻辑与实践

对邻避冲突治理转型的归纳及其实践的考察，有助于为创新邻避冲突治理模式提供方向。本部分基于前述管制型治理和参与式治理的比较，提炼邻避冲突治理转型的脉络与逻辑，通过梳理其他国家和地区邻避冲突治理转型的实践，为我国邻避冲突治理模式创新研究提供经验启示。

---

① 王佃利，王玉龙，于棋．从“邻避管控”到“邻避治理”：中国邻避问题治理路径转型[J]．中国行政管理，2017(5)：122.

② 于建嵘．从刚性稳定到韧性稳定——关于中国社会秩序的一个分析框架[J]．学习与探索，2009(5)：116.

一、关于邻避冲突治理转型逻辑的简单归纳

管制型治理和参与式治理是邻避冲突治理的两种范式。随着政治民主化进程的推进、社会稳定观念的转变、企业社会责任意识的增长和公民社会的发育，邻避冲突治理开始转型，其基本脉络如下。

(一)从单一到多元的治理主体

在政府管制型邻避冲突治理模式下，政府是邻避冲突治理的单一主体，政府的权力垄断和行政主导体现在：政府是冲突信息的掌控者，秉持“内紧外松”“秘而不宣”的原则，对邻避设施建设信息进行监督和控制；政府是邻避冲突的处置者，分析冲突的性质及利益相关者，对冲突进行调解和仲裁；政府是强制措施的决策者和执行者，对冲突各方的利益诉求进行整合与调适，并进行权威性分配。

随着公民权利意识的觉醒和民主政治的发展，政府由全能政府转变为有限政府，政府不再是凌驾于社会各利益主体之上的垄断机构，而成为公众、社会组织、私人机构等冲突利益相关者共同治理的引导者。在这一演化过程中，政府的冲突治理权力有所缩减，这为其他主体参与邻避冲突治理创造了条件。可以说，邻避冲突治理的转型就是不同主体在邻避冲突治理中角色、地位、功能和行为方式的变革。这种变革实质上是邻避冲突治理的主导模式随着政制结构和社会主体的权利主张演变与定型的过程。当然，这种变革并不是平稳的，常常以问责、不合作、抗议等形式出现。通过抗争运动，社会个体获得参与邻避冲突治理的权利和空间。这种转变意味着一种新的个体主义，即趋向在公共生活中不断塑造积极、理性的公民个体，从而使长久以来基于公权力垄断的邻避冲突治理行为转变为在互动、合作中重构的治理行动。值得关注的是，邻避冲突治理权力的重构具有鲜明的国家主导性。一方面，国家允许和支持公众参与邻避冲突治理，在邻避项目决策中行使表达权、选择权；另一方面，处于不同阶层的公众由于阶层地位和掌握资源的差异，其邻避诉求和利益主张会受到国家权力的不同对待。这样，个体和国家之间就产生了一种张力，即个体对自主性和参与性的要求与对国家权力不可避免的依赖。保障不同阶层的公众，尤其是弱势群体参与邻避冲突治理的权利就成为邻避冲突治理转型的核心问题。

(二)从垂直到多中心的治理结构

邻避冲突治理结构与社会结构具有一定的同构性。在传统社会，个体依据身份、宗族、权势、地域等标准被划分为不同等级，社会呈由上至下的等级分布，形成少数上层就可以控制庞大的整个社会的结构与能力。在信息技术等多

种因素的影响下，社会结构由中心等级科层型结构逐步转变为非中心、跨科层的结构。

随着社会结构的变迁，传统的由上至下的垂直治理结构已难以适应新形势下的邻避冲突治理的需求，必须建立起有助于实现广泛的纵向与横向联系、促进信息与人员互动的多中心治理结构。多中心治理以政府、邻避设施运营企业、社会公众三维框架为核心，摆脱了政府“单中心”的治理方式，而将多个行为主体纳入治理主体范畴，尤其主张自主治理与合作治理，有助于克服传统科层体制僵硬、缺乏协同性的弊端。“多中心”意味着在治理过程中，政府和邻避设施运营企业、社会公众共同参与，形成信任、互惠、制衡的合作伙伴关系，它促进了积极的公共参与，进而有助于实现良好的治理。

诚如德雷泽克所言：“应该将更多的个人、利益集团和团体纳入到协商过程中来，尽管他们一直被排除在决策的大门之外。”①在多中心治理结构中，政府不再以单一权威的身份参与邻避冲突治理，而是与公民、社会组织、企业平等的身份协商合作，共同治理。他们就其利益诉求进行表达、论辩，进而达成共识。尽管各方主体的利益诉求、参与方式、行动策略不尽相同，但这有助于主体之间相互监督和制衡，最终形成良好的、稳定的治理结构。在多中心治理结构中，政府不再试图实施控制，而成为负责任的参与者和引导者；公众则担当起邻避冲突治理的发起者、协商治理的参与者、治理过程的监督者等角色；企业以协商过程的参与者、补偿和回馈机制的提供者、负外部性影响的治理者身份参与邻避冲突治理活动；社会组织发挥起整合相关公众利益诉求、监控负外部性影响、协调冲突各方利益的优势。

(三)从强制到民主的治理方式

采取强制性治理方式是传统邻避冲突治理的关键特征。强制性治理意味着政府在冲突治理中处于垄断地位，采取信息封锁、封闭式决策、强制执行等手段迫使邻避抗争者采取合作行为，表面上看是促进事态平息，但实际上却容易引发风险烈度更高、危害程度更大的危机事件。一旦事态升级扩大，政府迫于维稳压力，被动地采取管控措施，消减危机事件的危害和影响。可见，强制性治理是人治色彩浓厚、被动的治理方式。在当前中国，政治运行的压力一方面来自于中央，中央向地方施压，要求不惜一切代价将社会冲突消弭在基层，阻滞社会不满情绪向社会蔓延；另一方面压力来自于公众，公众在利益受损时采

① ［澳］约翰·S. 德雷泽克. 协商民主及其赵越：自由与批判的视角[M]. 丁开杰等，译. 北京：中央编译出版社，2006：77.

取各种方式自下而上地寻求权利救济。这两种不同的压力聚合在一起，地方政府选择以强制性的管控措施来维持表面的社会稳定，而难以有效地舒缓、根治影响社会稳定的深层次矛盾。

在政府管制型邻避冲突治理模式下，邻避设施选址决策由政府封闭作出，其决策过程不向公众开放。公众很难了解冲突事件的具体信息和冲突治理的决策依据。随着民主化进程的推进，政府为了提高决策的民主化和科学化水平，采取专家论证的方式，吸纳部分专家或智囊的意见，并将专家论证与评估报告在一定范围和时段内公开。但通常而言，专家以合法性或科学性论证结果为主，监督决策及防范决策失误的作用不明显。封闭性决策虽然具有较高的决策效率，但由于缺乏有效的公众参与和公正的利益调适，决策结果常常不被接受。为了减少政策执行的阻力和成本，决策者会优先选择组织化程度低、抵抗力弱的群体作为执行对象，甚至用暴力手段执行政策。

强制性冲突治理方式包括强制征用、强制补偿、强制弹压和强制处理。①这些强制执行措施由政府主导，并会动用国家暴力机器，虽然具有很高的执行效率和稳定的执行效果，但会侵害公民权利，是导致冲突事态升级扩大的主要原因。由于传统的强制性冲突治理方式依赖于政府的垄断地位和绝对权威，造成政府和公众之间关系的内在紧张，成为引发冲突的根源。采用民主的方式，尊重和兼顾相关利益群体的诉求成为冲突治理的必然要求。

作为民主治理的方式，参与式治理尤其体现于多元主体的协商互动。在决策问题确定和议题设置阶段，政府充分考虑公众的风险认知及偏好，鼓励公众决策参与和监督，采取听证会、座谈会、共识会议等形式听取公众意见。当然，公众参与邻避冲突治理，更多是作为“理性经济人”出现的，其目的是实现自身利益的最大化，他们往往缺乏维护和保障公共利益的价值观念。因此，在民主治理的过程中，常常会出现公共利益与私人利益、强势集团与弱势集团之间的矛盾。从强制性治理到民主治理方式的转变，必须在规范利益偏好的基础上，整合和调适利益，依靠对话、协商、斡旋等方式渐进式地调适利益关系、整合价值认知，增强多元主体之间信息、资源、能力的互补。只有这样，才能使参与式治理的价值真正显现。

邻避冲突治理的转型既有其内在的逻辑，也是应对现实挑战的迫切需要。政府角色的转换、民主政治的发展及环境保护运动的兴起为邻避冲突治理转型

---

① 陈宝胜．邻避冲突及其治理模式研究[M]．北京：中国社会科学出版社，2018：156.

奠定了基础。首先，政府角色的转换为多元主体参与邻避冲突治理提供了空间。传统的行政方式遵循国家本位的逻辑，认为“社会之上有一个独立的国家实体，国家是掌握在统治者手中的，而统治者又是有着自身的特殊利益要求的，政府无非是服务于这种特殊利益要求”。① 传统的统治型行政具有鲜明的阶级性和强制性，公民参与公共管理的渠道和空间受到很大程度的限制，其情感、利益也不被重视和考虑。随着民主政治的发展，传统统治型行政的藩篱被逐步打破，极大地释放了公民参与公共管理和公共生活的空间，这必然要求政府转变管制型邻避冲突治理模式，在邻避冲突治理中多倾听多元主体的利益诉求。其次，公民权利意识的增长为邻避冲突治理转型奠定了广泛的社会基础。公民权利意识是一种现代社会意识，它是指公民对自身享有的权利及其价值，以及如何行使和保护权利的理解与认知。公民权利意识不仅为邻避抗争行动提供了思想动力，也为公民参与邻避冲突治理奠定了基础。基于对自身环境权益的维护，公民试图改变自己作为管制对象，由政府垄断邻避冲突治理的局面，通过积极的参与与合作，实现邻避冲突治理主体权责结构和互动关系的深刻变革。最后，管制型治理的实践困境推动邻避冲突治理的转型。从实践来看，随着民主化进程的加快，公民通过参与式治理保障自身环境权益的意愿显著增强，传统管制型治理因对公民参与的抑制，而陷入空间生产与重构不正义、政府信任被消解的现实困境，极大地增强了邻避冲突的“不可治理”性。因此，打破政府管制型邻避设施选址和治理模式的藩篱，建立制度化的参与式治理模式，是邻避冲突治理转型的必然趋势。

二、其他国家和地区邻避冲突治理转型的实践

西方国家邻避冲突治理发端于20世纪六七十年代。随着公民环境权益维护意识的增强和公民权运动的兴起，邻避冲突频繁发生，西方国家开始探索邻避冲突治理的措施与路径。西方国家早期的邻避冲突治理实践具有浓厚的政府管制色彩。政府采取管制型治理模式，封锁邻避项目信息、垄断邻避决策过程，并采取强制补偿、强力压制等措施，引发社会公众的强烈抗议和冲突事件的升级扩大。如德国斯图加特市在启动城市铁路项目时，警察动用水龙、辣椒水、大棒等对付抗议者，激怒了当地居民，导致5万人的大游行；日东京东本杉並区居民反对政府在当地强制设立垃圾焚烧厂，从而导致当地居民及政府长达三年的“垃圾战争”。面对政府管制型邻避冲突治理模式的失败，各国和地

① 张康之．公共行政中的哲学与伦理[M]．北京：中国人民大学出版社，2004：218.

区开始积极寻求邻避冲突治理的转型，通过市场竞争、政治谈判、第三方调解等不同途径，构建参与式邻避冲突治理模式。

1. 以市场为主导的参与式治理

以市场为主导的参与式治理是通过市场竞争和价格激励，促进公众参与邻避冲突治理的模式。20世纪70年代，美国基于对传统政府管制型治理模式的反思，开始寻求邻避冲突治理的转型。各州政府在邻避冲突治理中引入市场竞争、价格激励，激发公众参与邻避冲突治理的积极性。美国联邦政府通过立法，要求各州鼓励社会团体和社会力量参与邻避冲突治理，如加利福尼亚州就成立了一个顾问咨询集团来确定和评估低放射性掩埋场的备选地点。① 而在具体的邻避设施选址决策中，具体选址、设施设计及变更、利益补偿问题则由企业和标的地区自主谈判以达成一致，政府仅仅承担审核、监督和仲裁的角色。②

市场化的选址实践主要由邻避设施运营企业和公众以竞标和投标的方式进行。一种方法是"荷兰竞标法"，即政府和企业提高设址补偿价格，直到有社区愿意接受设施设址为止。③ 另一种方法是让愿意接受设施的社区就接受设施的条件进行投标，最终由低价投标地区"胜出"。

美国采取市场购买的方式促进企业、公民在邻避设施设址中的参与与合作，提高了邻避设施的可接受度，在一定程度上减少了因邻避设施兴建引发的冲突事件。以市场为主导的参与式治理模式秉承市场机制的经济法则，追求邻避设施建设和运营成本的最小化，在实践中也面临着一系列困境。首先，经济补偿激励对公民精神和公共责任形成挤出效应。虽然价格激励和经济补偿在一些个案中取得了预期成效，但在一些高风险型的邻避设施设址中，丰厚的经济补偿并没有产生促进设址的效果，相反，却引发了更加激烈的抗争行动。其原因是，经济补偿激励具有"贿赂"的嫌疑，剥夺了公民个体的利他权利。这种利他主义是公民在公众社交活动中对集体利益需求的自愿奉献，体现了公民超越个体理性，以积极心态和自觉行动维护公共利益的精神。因此，一些西方学

① Murphee, D. W., Wright, S. A. & Ebaugh, H. R.. Toxic Waste Siting and Community Resistance: How Cooptation of Local Citizen Opposition Failed [J]. Sociological Perspectives, 1996, 39(4): 447-463.

② Tallbot, A. R.. Settling Things: Six Case Studies in Environment Mediation [M]. Washington D. C., The Conversation Foundation, 1983: 104.

③ Inhaber, H.. Of LULUS, NIMBYS, and NIMTOOS[J]. Public Interest, 1992(1): 52-65.

者对基于市场法则的经济激励进行抨击，认为在补偿中要充分考虑贿赂和公共精神的排挤效应，通过更充分的利益表达，设计更有针对性的补偿方式和内容。其次，对环境正义与道德伦理的忽视。环境正义意味着邻避设施对其周边居民带来的风险不能超过合理的限度，任何机构都不能设立一个不能确定危害的设施。① 然而，通过市场竞争和价格机制无法确保该目标的实现，因为任何通过谈判达成的一致协议即被认为是合理的，只要对邻避设施的负外部性影响给予经济补偿，就可以实现环境正义。如此一来，身体健康和生命安全及享有平等的环境权益均无法通过经济补偿达到伦理平衡。最后，公众参与的"隐形排斥"。美国以市场为主导的参与式治理，为公民参与邻避冲突治理提供了渠道，尤其在邻避设施决策、回馈补偿、项目运营监督等领域，为公众赢得了参与治理的机会。但是，各州政府对公民参与邻避设施选址有一套严格的程序和要求，如大多数州政府的选址程序规定由开发商选定设址地点，在正式谈判前不启动公民参与程序，不与标的区居民进行协商，因此以市场为主导的参与式治理被批评为政府"硬把设施塞进我们的喉咙"。② 尽管公众被赋予参与邻避冲突治理的权利，但公众与政府、邻避设施运营企业的协商地位不对等，因而对邻避项目决策的影响力却十分有限。无论是对邻避项目技术风险的研判，还是对设施选址的合理性论证，公众因不具备相关专业知识和谈判技巧，而陷入被"隐形排斥"的困境。

以上现实问题使美国政府开始重新思考如何重塑政府、公众、邻避设施运营企业在邻避冲突治理中的关系，如何通过保障弱势群体的权利与资源，促进公开、平等、理性、包容的协商，更好地实现参与式治理的价值。

2. 以社会为主导的参与式治理

受家长制政治的影响，日本在早期邻避冲突治理实践中，由政府采取管制型治理模式主导邻避冲突治理的过程，引发了严重的社会冲突。以成田机场建设为例，在机场选址和建设之处，政府采取强制方式进行设址，造成了大规模冲突。经过长达 40 年的政治谈判和第三方协调，邻避冲突事件才最

① O'Hare, M. & Sanderson, D.. Facility Sitting and Compensation: Lesson from the Massachusetts Experience[J]. Journal of Policy Analysis and Management, 1993, 12(2): 364-376.

② O'Hare, M. & Sanderson, D.. Facility Sitting and Compensation: Lesson from the Massachusetts Experience[J]. Journal of Policy Analysis and Management, 1993, 12(2): 364-376.

终得以平息。①

“在日本，地方政治领导人和企业领导人对社会情况变化的反应很快，常常会运用高超的政治技巧和自主精神来处理邻避冲突治理问题，他们很乐意这样做来解决社会问题。”②日本邻避设施选址决策主要通过政治谈判和讨价还价来达成。在政治谈判中，不同于市场机制的价格激励，多元主体聚焦设施的可接受性、许可证申请、开工建设等环节展开政治博弈，任何一方都难以控制决策过程和决策结果。这表明日本已初步形成了政府、企业、社会多元利益主体较为平等地参与邻避冲突治理的局面。

值得一提的是，日本政府创造性地通过第三方调解机制来协调各方利益关系，促进政治谈判协议的达成。以日本静冈县滨岗核电站设址为例，在核电站设址之初，静冈县政府通过静冈县自民党支部成立了特别原子能委员会，特别原子能委员会的成员包括地方居民代表以及五个主要渔业公司。它的主要作用就是为政府和中部电力协调渔业公司与左翼政党及当地居民之间的关系。特别原子能委员会通过组织原子能安全和地方发展问题论坛，游说渔业联盟，促使他们改变态度，并最终促使左翼集团选出了支持设施建设的领导人，为设施设址争取到了压倒性的地方支持。③

由此发现，参与型邻避冲突治理模式在其他国家邻避冲突治理实践中得到广泛应用。美国以市场为导向的参与式治理和日本以社会为导向的参与式治理，改变了传统政府管制型治理将公民当作治理对象，由政府垄断治理过程的局面，将公民作为邻避冲突治理的主体，在冲突治理过程中引入公民参与，而且参与的主体不仅仅局限于设施所在地区周边的公众或邻避抗争者，还包括邻避设施运营企业、专家、媒体、第三部门等。

邻避冲突参与式治理最核心的意义，就在于重新界定政府的职能和角色，转变政府和公众之间的关系，使政府和公众之间由控制与反控制的对立关系转变为合作与协同关系。虽然参与式治理明确了邻避冲突治理主体之间的关系，但对于如何实现多元主体之间的合作，如何在参与和互动中有效地解决邻避争议，并没有给予更多的关照。这也造成了邻避冲突治理实践中的一个悖论性事

① 陈宝胜．邻比冲突及其治理模式研究[M]．北京：中国社会科学出版社，2018：191-201.

② Lesbirel，S. H.. NIMBY Politics in Japan：Energy Siting and The Management of Environmental Conflict[M]. Ithaca and London：Cornel University Press，1998：19.

③ Lesbirel，S. H.. NIMBY Politics in Japan：Energy Siting and The Management of Environmental Conflict[M]. Ithaca and London：Cornel University Press，1998：92-96.

实：一方面，地方政府苦于应对频繁发生的邻避冲突，着力通过治理模式创新，破解管制型治理“一建就闹，一闹就停”的困境；另一方面却又缺乏促进多元主体互动协作的体制格局和制度架构。这表明，参与式邻避冲突治理虽然已形成一定的社会共识，但让参与式治理有效运转起来还是一个迫切需要解决的问题。而更深层次的理论根源则是，在参与式民主和参与式治理的研究中，没有充分重视公民如何参与以及有无合作可能的问题，因而对公民参与邻避冲突治理的过程逻辑和路径选择缺乏系统的研究。

20世纪80年代兴起的协商民主理论为增强参与式治理的有效性提供了重要的理论指导。协商民主理论主张公民积极参与公共事务和政治决策，通过自由而平等的讨论、协商，达成共识。从理论渊源上说，协商民主与参与式民主的目标取向具有一致性，即都主张通过依靠提高公众在公共生活中的参与度来增强合法性。

协商是参与式治理的本质要义。Philippe Schmitter认为参与式治理是“受政策影响的公众代表经常性和确定性在场（the Regular and Guaranteed Presence）”。[①]“在场”和“表达”是参与的两大关键要素，“在场”是参与的前提，但只“在场”而不表达，这并非真正的参与。协商民主主张公民能够针对公共事务的特定议题，与政府进行平等对话、沟通协商，从而达成共识性政策目标。它为参与式治理实践提供了制度化的运作平台，一方面，协商民主拥有一套完整的制度程序，涉及信息公开、理性交流、辩论式互动、行动方案选择多个环节；另一方面，协商民主拥有一系列规范的操作方法，如协商民意测验、公民陪审团、公民议会、专题小组等。这些制度程序与操作方法有力地回应了“参与式治理是一种理想或民主想象”的质疑。

现代民主社会的邻避冲突治理离不开政府、社会公众、邻避设施运营企业等多元主体的参与与合作。其趋势必然是民主基础上的协商、谈判和补偿机制的综合运用。如何吸收协商民主的理论精要，通过协商的制度性生长，改善参与式治理的实施机制，促使邻避冲突治理从管制走向协商，将是邻避冲突治理的发展方向。

---

① Philippe C. Schmitter. Participation in Governance Arrangements: Is There Any Reason to Expect it will Achieve “Sustainable and Innovative Policies in a Multilevel Context”? [J]// Participatory Governance: Political and Societal Implications. Vs Verlag Fur Sozialwissenschaften, 2002: 51-69.

第三章　我国政府管制型邻避冲突治理模式的现实图景

随着公民环境权益维护意识的增长以及现代科学技术的发展，邻避冲突频繁发生。本章综合考虑邻避设施的广泛性、邻避抗争强度、事件区域分布等因素，以 PX 项目、涉核项目、垃圾焚烧项目和社区养老设施四种典型的邻避项目引发的冲突事件为例，对邻避冲突发生过程中的政府行为和公众抗争行为进行分析，试图勾画和提炼当前政府邻避冲突治理模式的基本特征，并分析其实践效果，以期全面地把握政府邻避冲突治理模式的现实图景。

第一节　广东茂名 PX 项目设址：隐形强迫与公民参与的张力

2007 年以来，全国各地因 PX 项目兴建和运营陆续引发邻避冲突事件，这类事件的共同之处在于地方政府在项目设址前未考虑公众的意见，直到项目开工后或临近开工之时才向公众公开项目信息。在恐慌与愤怒情绪的驱使下公众采取了激烈的抗争行动，导致项目戛然而止。[①] 在 2014 年爆发的广东茂名 PX 项目事件中，当地政府考虑到舆论和民意，在项目建设之前开展了宣传和科普活动，但由于处置方式不当，激发了市民的抗争行动，导致 PX 项目被迫终止。茂名市政府通过“隐形强迫”推进 PX 项目设址的做法，体现了当前地方政府邻避冲突治理的一贯理念和行为方式。

一、PX 项目规划与高密度宣传

与福建厦门 PX 项目设址不同，广东茂名 PX 项目从决定、规划到开建持续了 6 年时间。它不是地方政府部门的临时起意，而是经过精心筹备的。茂名

① 程惠霞，丁刘泽隆．公民参与中的风险沟通研究：一个失败案例的教训[J]．中国行政管理，2015(2)：109-113.

石化公司是我国位居前列的炼油化工一体化企业，始建于 1955 年 5 月。茂名市地处粤西地区，为了缩小与珠三角的经济差距，发展石化产业成为地区经济发展的重点。茂名市政府对 PX 项目规划酝酿多年，在 2011 年《茂名市国民经济和社会发展第十二个五年规划纲要》中指出，要“规划配套建设 1500 万吨/炼油、100 万吨芳烃/年、60 万吨/年对二甲苯”的世界级石化基地项目，项目规划起止年限为 2011—2014 年。

2012 年 10 月，茂名 PX 项目正式获得国家发展改革委批准，由茂名市政府与茂名石化公司采取合资方式共同建设，总投资额为 35 亿元。为了吸取其他城市建设 PX 项目引起公众反抗的教训，茂名市政府在 PX 项目正式施工之前，首先开展了一系列高密度的宣传科普工作。2014 年 2 月 27 日，《茂名日报》刊登了一篇名为《茂名石化绿色高端产品走进千家万户》①的文章，从环保低碳的角度，强调公民的社会责任，从思想引导的高度向公众说明 PX 项目建设的必要性。茂名电视台和茂名石化公司电视台也连续播放宣传视频，包括专门针对基层百姓的粤语版《认识茂名芳烃(PX)项目》，为 PX 项目做宣传。茂名市政府还组织媒体召开闭门会议，就投资规模、选址等向媒体做了通报，并播放《焦点访谈》关于正确认识 PX 项目的节目。宣传部门准备了近 20 篇科普 PX 项目的文章，借助《茂名日报》等重点报刊，逐一发表。与此同时，茂名市委宣传部副部长向当地主要网站、三大运营商负责人布置了任务，当地还加强了网络舆情监控和引导，要求核心网评员严阵以待，督促网站对敏感负面信息进行坚决屏蔽，有关部门对发表过激言论的网民进行教育训诫和稳控。

茂名市政府在 PX 项目启动前通过《茂名日报》、网络媒体开展大规模的宣传和科普活动，其目的是向广大民众宣传 PX 项目的经济效益和社会价值，但未向公众公开 PX 项目健康威胁及项目即将启动的相关信息。

二、灌输式的信息传播

2014 年 3 月 21 日，有网友在茂名论坛、维客论坛上爆料，要建“规模 25 万吨芳烃装置”，这引来大量网民的关注、跟帖、留言。至此，当地论坛及贴吧开始出现大量有关 PX 项目的帖子。网友对 PX 项目的安全性持怀疑态度，对茂名市即将启动 PX 项目感到强烈恐慌，并在网络平台表达了抗议和不满情绪。3 月 25 日，茂名市综治平安信息化建设管理平台发布新闻，称“加强网络

① 茂名石化绿色高端产品走进千家万户[EB/OL].(2014-02-27)[2018-04-19]. http://paper.mm111.net/shtml/mmrb/20140227/vA1.shtml.

舆情监控，及时处置引导”“市、县宣传部核心网评员 30 多人严阵以待”。随后，网络论坛中反对茂名 PX 项目的网民发帖被屏蔽和删除。政府“屏蔽信息、删除信息”的行为引发网民负面情绪反弹，从而成为舆情发酵的导火索。

虽然茂名市政府在项目启动之前进行了高密度的宣传，采取发表科普文章、制作宣传手册和宣传视频的方式，向市民解释和说明了 PX 项目的安全性。这些正面宣传对公众了解 PX 项目确实发挥了一定的作用。但从深层次上讲，PX 项目的落地上马缺少了公众的参与，使得政府的宣传变得“一厢情愿”。政府采用灌输式的信息传播方式，向设址所在地居民传播发布关于 PX 项目经济社会价值及其安全性的相关信息。对网民关注的茂名 PX 项目是否上马，何时建设等信息并没有作出积极回应，同时要求主要网站负责人严控 PX 项目有害言论，禁止各大网络媒体播报 PX 项目的负面消息。政府灌输式的信息传播和强力管控的方式显然不能增进公众对 PX 项目的认同，反而引发了公众质疑和恐慌言论的广泛传播。正如《人民日报》评论文章所言：“如果缺少了自下而上的参与、官民平等的互动，单向度的宣传很可能被看成是‘操纵舆论’，权威解读也容易被理解成‘为决策背书’。”

三、“隐形强迫”的危机治理

为了顺利推进 PX 项目，茂名市政府决定通过签署承诺书的方式，控制广大民众的反对声音。2014 年 3 月 20 日，茂名市政府向茂名石化系统、教育系统工作人员及在校学生发放了《支持芳烃项目建设承诺书》，要求其签署支持维护 PX 项目建设、不组织和参与反对 PX 项目抗争活动的承诺。一些单位带有“隐性强迫”，如不签，会对“高考、升迁不利”。

政府的这一行为再一次激起了公众的反抗情绪。2014 年 3 月 27 日晚，茂名市政府召集当地有影响力的网友，召开 PX 项目推广会，但场面失控，不欢而散。3 月 28 日，市民们通过微信等社交软件在朋友间大规模传递茂名近期将有抗议 PX 活动的消息。3 月 29 日，有关抗议 PX 项目的信息网络上流传开来，计划于次日上午举行抗议活动。30 日上午，部分群众在茂名市委门前聚集，通过“散步”的方式表达抗议诉求，整个过程理性、平和，甚至有负责维持秩序的警察也表示反对 PX 项目。30 日下午，局面开始恶化，参与抗议的公众由数百人迅速增加到数千人，抗议的呼声也逐渐增强起来，民众的抗议情绪高涨，抗议活动现场逐渐失去控制，现场维持秩序的警察被挑事分子扔矿泉水、鸡蛋、石头等，有市民恶意拦截往来车辆，并实施打砸行为，造成交通拥堵，甚至还有不法分子打砸沿街的商铺、广告牌，蓄意纵火毁坏执勤警车等，抗议活动由理性转向非理性，抗议目标由反对PX项目转向对警方的行为表示不满。这种失控的场面一直持续到第二天凌晨两点半。

虽然抗议活动未造成人员死亡，但是对社会稳定和财产安全构成了一定威胁。面对公众强烈的反对声音和非理性抗争行为，茂名市政府在民情“压迫”下与抗议代表召开座谈会，并承诺在没有达成共识之前PX项目绝不会启动，由于政府的公信力流失，公众对于政府的承诺半信半疑。因此，虽然线下抗争PX项目的行动减少，但是借助发达的网络系统，线上关于PX项目的讨论仍持续不断。至此，茂名PX项目设址陷入搁置状态。

邻避设施是风险与收益并存的公共项目，政府妥善引导公众对邻避项目的风险认知、加强与公众的信息沟通能够有效改善邻避冲突治理的效果。在茂名PX项目事件中，茂名市政府对信息传播的后果作出了错误的预估，在通过《茂名日报》、网络媒体对PX项目进行了高密度的宣传之后，茂名市政府认为向公众解读PX项目信息，传播建设PX项目的经济效应、社会效益，公众的反对声音会减弱，但政府未考虑到公众对PX项目的风险认知水平，忽略了公众的质疑和反对之声。在宣传PX项目时，政府理应建立一个信息沟通平台，告知公众茂名PX项目选址、经济效益、社会价值、健康威胁等关键信息，而不是在项目开工之前向公众灌输PX项目信息。① 政府这种单方面的信息传播将公众置于被动地位。得知自己将暴露于PX项目的潜在风险之后，公众理所当然地表达了强烈抗议。为了控制公众的不满情绪，政府盲目照搬了九江市签署承诺书的治理经验，采取“隐形强迫”方式，逼迫公众签署承诺书。这种没有征得公众同意就逼迫公众签署“六不”承诺书的做法，违背了公众的意愿，激发了公众更强烈的反抗。政府的管控思维和压制模式，导致冲突事态演化升级。

不难看出，茂名PX项目事件中，政府采取的是自上而下的单向信息传播路径，而公众希望改变自身在传统政策议程中的被动地位，与政府积极互动，形成交互式的决策结构。可见，政府政治沟通中的政治动员方式与网民政治参与之间存在较大的张力。这种居高临下式的、灌输式的传统信息沟通方式已经成为诱发冲突的根源。网络政治沟通所形成的集体认同和社会共识比政府强制更重要，地方政府在邻避冲突治理中如何有效通过信息公开、充分沟通的方式吸纳公众意见，进而实现政府与公民之间的良性互动，将是一个重要且长期的

① 程惠霞，丁刘泽隆．公民参与中的风险沟通研究：一个失败案例的教训[J]．中国行政管理，2015(2)：109-113.

研究课题。

第二节　广东江门反核风波：垄断决策引发的邻避抗争

核燃料是指可被核反应堆利用，通过核裂变产生核能的材料。我国核燃料厂从20世纪50年代开始建设，为了缓解不可再生能源不足、新能源开发和使用无法成为支柱的问题，我国把发展清洁高效的核电能源作为调整能源结构、加强环境保护的重要措施，确定了“在确保安全的基础上高效发展核电”的方针。[①] 2011年3月日本福岛核泄漏等一系列与核相关的事故带来了空前的灾难，使得广大民众“闻核丧胆”“谈核色变”。在这一现实背景下，民用核工业和商用核工业项目的设址，引发了设施周边公众的强烈恐慌。在网络技术的支持下，反核邻避抗争有了新的空间，线上与线下相结合的动员方式扩展了反核邻避抗争的影响范围，也对政府舆情引导和冲突治理提出了新的要求。2012年7月，广东江门爆发的反核风波是一起典型的邻避冲突事件，它展示了新媒体背景下公众邻避抗争行为的新方式，也体现了当前我国地方政府管制邻避冲突的行为图景。

一、被垄断的选址决策

2012年2月，中国核工业集团公司（以下简称中核集团）审议通过了核燃料产业园区规划及建设方案，专门成立了核燃料产业园区建设领导小组和工作组，组织专业人员在江苏、福建、广东和天津等沿海城市甄选厂址。[②] 该核燃料项目计划投资总额约370亿元，这对于任何地方政府部门来说都是一笔巨大的投资引进。由于该项目能够较大幅度地提高当地GDP和地方政府的税收水平，各地政府部门都积极地争取核燃料项目能够在其所辖范围内落户，广东江门鹤山市即为其中之一。

为了夺得370亿元的大项目，鹤山市政府以最快的态度极力争取核燃料项目在当地落户。2012年6月，中核集团组织专家前往鹤山市进行选址考察。由于当地政府对于核燃料项目的安全性、危害性等并没有进行充分的了解，

① 江门鹤山建核燃料生产基地安全放心——鹤山市信息中心回复网民八问[EB/OL].(2013-07-10)[2018-04-19]. http://blog.sina.com.cn/s/blog_6d57e1300101c3jy.html.

② 政府公众沟通——江门鹤山“反核”事件[J]//应急管理典型案例研究报告(2015).北京：社会科学文献出版社，2015：27.

2012年11月、12月上旬和2013年农历新年后，政府组织了3次核燃料设址所在地的实地考察，考察人员包括以局长为首的鹤山发改局考察组、鹤山市委书记带领的各职能部门组成的考察组和部分镇、村干部及民众代表。考察团成员以政府部门相关工作人员为主，公众代表较少。政府和专家一致认为核燃料项目不是高风险、高污染项目，立即与中核集团举行了签约仪式，确定了核燃料项目的设址。

2013年7月4日，鹤山市发改局通过《江门日报》和江门政府网同步公开发布《中核集团龙湾工业园区项目社会稳定风险评估公示》，公示为期10天，以收集公众意见。“稳评”公布后，相关信息在论坛、微博、天涯网上迅速发酵，引发了江门市民的强烈反弹。不满情绪集中在两个方面：一是对政府信息公开力度的质疑；二是对核燃料项目安全性的担忧。

在核燃料项目选址决策中，政府采取封闭式决策方式，漠视公众的意见表达，垄断选址决策过程。邻避冲突的产生与封闭式决策模式密切相关①，这种决策方式缺乏与设址所在地大多数利益相关者的直接沟通，而是从社会利益和公民责任的角度，对利益相关者进行说服教育，以期获得利益相关者对决策的支持。当地政府封锁决策信息、垄断决策过程的行为，成为公众反核抗争的重要原因。

二、舆情传播中的风险扩散

在鹤山政府将核燃料项目的“稳评”结果公示、征求公众意见期间，从7月4日到7月11日短短一周内，以江门市民为代表的相关地区居民进行了一系列的线上抗争活动，寻求与政府的沟通机会，但并未得到政府部门的有效回应。线上抗争以网络讨论为代表，出现了“江门核危机”“江门核燃料工厂”“江门反核行动”等多个指称，网络舆情快速发酵，形成强大的舆论合力，如图3-1所示。在网络动员的影响下，参与人群日益增多、影响范围不断扩大。然而，直到网民申讨持续一周时，鹤山相关政府部门才意识到网络舆情的严重性，试图通过回复网民的质疑(“八问八答”②)、举办座谈会、邀请专家进行核安全相关主题的公开宣讲等一系列措施，引导网络舆情朝有利于社会稳定的

① 王佃利，王庆歌，韩婷．“应得”正义观：分配正义视角下邻避风险的化解思路[J]．山东社会科学，2017(3)：56-62.

② 核原料基地安全性科普释[EB/OL]．(2013-07-10)[2018-06-15]．http：//xzzx.jiangmen.gov.cn/zwgk/zxgg/201307/t20130710_1711.html.

方向发展，但是效果甚微。为了应对舆情的进一步发展和蔓延，鹤山政府被迫开展“舆情战”——鹤山市司法局、体育局、教育局、审计局、科技局等八个部门分别在鹤山市委、市政府主办的鹤山信息网发表了九篇“挺核”文章，江门市官方微博连续发布核电安全知识，江门市政府应急办 3 个小时内发布 13 条与核安全有关的微博等。

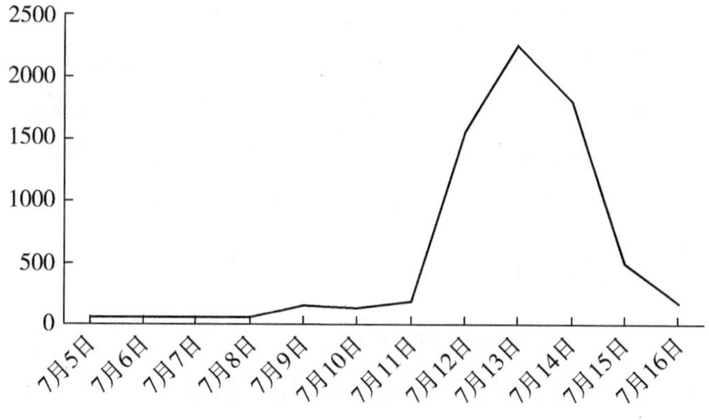

图 3-1　江门反核事件微博关注度趋势图

在这段时间内，鹤山市公众从质疑项目到要求取消项目，一直保持了集中一致的诉求，并将“安全性”与“知情权”作为抗议焦点。网民群体构建的抗争性话语试图树立两大“标签”：一是道德标签。抗争群体通过贴标签，使自己占据争议的道德高地，而将政府、专家、企业列入非道德的一方。他们抵制核燃料项目就变成了“正义诉求”同“邪恶强权”的抗争。二是权利标签。抗议群体将自己的反对行为视作在现代民主社会，合理表达利益诉求、争取参与权的斗争①，试图让自己的行为得到政治上的支持和法律上的保护。这些抗争性话语的构建和传播，放大了地方群众的风险感知，也对政府网络舆情引导构成了挑战。

1. 信任缺失引发“塔西佗陷阱”

对于江门鹤山市政府而言，发展经济是其首要任务，秉持经济发展观，对资源进行开发利用，创造更大的经济价值是政府的核心目标。而基于对核燃料项目的风险意识，鹤山市民计算的是未来核电站运行产生的健康风险及现在对自身房产价值的负面效应。双方利益分歧容易引起公众对政府决策立场的质

① 王佃利等．邻避困境[M]．北京：北京大学出版社，2017：108-109.

疑，而被垄断的决策过程、自上而下的信息传递更加重了公众对政府的不信任。在这种情形下，鹤山市政府陷入“塔西佗陷阱”，即无论如何解释核燃料项目的重要性、合理性、安全性，都有可能被解读为以居民利益为代价换取GDP的增长。

2. 官方舆论场与民间舆论场分化

政府和主流媒体回应不当所导致的官方舆论场与民间舆论场分化是网络舆论激变为邻避冲突事件的重要标志。当网络上出现大规模的反核声音时，鹤山市政府做出不回应、消极回应等不当反应，没能快速打通民意，市民与政府间的断裂关系持续扩张。随着“意见领袖”的议程设置和意义建构，声势浩大的网络声讨引发一些民意倒逼、道德矮化等集体非理性的话语狂欢，进而打破官方舆论场掌控舆论的局面，造成官方舆论场与民间舆论场的分化。

三、格式化的被动反应

“舆情战”蔓延之后，面对高涨的网络舆论，政府采取了以下措施：首先，政府通过新浪网，将网民微博发布的有关“反核散步”的消息在后台进行屏蔽或者加密，甚至删除。其次，强制要求政府部门工作人员参与网上支持核燃料项目的投票活动，每个人至少投三票，同时要求各政府部门在各自的门户网站上发布核燃料项目的正面消息。最后，将发表过激反核言论的人禁言，要求写保证书，保证不再对核项目发表过激言论。以上措施引发了鹤山市民的强烈抗议。

2013年7月12日，约1000名民众聚集街头，举着“要生命，不要GDP”“誓死反核”“我们生在这里！请让我们好好地活在这里”“要孩子，不要核子”等牌子，拉着“反对核污染，还我绿色家园”“保卫珠三角人民的生命财产安全，江门不要核辐射”“坚决反对核燃料加工基地”等横幅，开展了“反核散步”行动，抗议政府在鹤山建设核原料项目。在媒体通气会上，鹤山市市长表示，为了确保公众知情权，与公众进一步充分沟通，将公示时间延长了10天。① 7月13日江门市人民政府宣布“决定对中核集团龙湾工业园项目不予申请立项”。7月14日，担心政府出尔反尔的数百名市民发起了第三次反核游行，要求政府出具公文证明，以“红头文件”的形式正式撤项，江门市副市长亲自宣读政府红头文件，承诺项目绝不以另一名义上马，并于7月14日对外发布正

① 江门千人反核游行现场　举牌求关注微博召集周日再游行[EB/OL]. (2013-07-12) [2018-06-19]. http: //www. s1979. com/news/china/201307/1294406612. shtml.

式文件。至此，全力引进的投资数百亿元的建设项目被迫中止，上亿元前期投入“打水漂”。核燃料项目突然取消，使鹤山官方备受打击，鹤山市发改局相关人士在反思中表示：“我们想到过会有反对的声音，但没想到这么剧烈，这个结局大大出乎我们的意料。”

广东江门反核事件之所以以项目取消为结局，与政府格式化的被动反应是分不开的。当核燃料项目立项的信息被披露后，鹤山市政府采取忽略、拖延、辩护的方式回应公众的质疑；在公众网上表达利益诉求时，政府用屏蔽、加密、删除的方式来控制信息扩散；当公众反对意见升级发酵时，政府用写保证书的方式警告市民不发表过激言论、不组织和参与群体性事件；当公众非法聚集时，政府采取拘留、清场、驱散等方式处置群体性事件和相关责任人。政府格式化的被动反应缘于对公众邻避抗争行为的定性策略，公众的利益表达往往被视作“自私自利的负面行为”，而当公众开始聚集时，公众的抗争行为被定性为扰乱社会治安的犯罪事件。格式化的定性策略使政府形成垄断控制的思维，采取强力压制措施，被动作出回应，进一步激化了政府与公众之间的冲突和矛盾。

第三节　九峰垃圾焚烧厂设址：风险感知差异下的非对称性沟通

随着城市化的快速推进及社会经济的不断发展，城市人口规模持续扩大，随之而来的城市垃圾治理已经成为中国各地方政府面临的难题。据报道，目前我国有超过 1/3 的城市深陷垃圾围城困局，2/3 的城市处于垃圾包围之中①，建设垃圾处理设施是城市垃圾治理的重要手段，但垃圾处理设施的负外部性影响使其普遍遭到抗议和反对。广东番禺、上海松江、浙江杭州等地都因兴建垃圾处理设施引发了邻避冲突。其中，杭州市九峰垃圾焚烧厂设址冲突的处理方式对邻避冲突治理提供了有益的经验与教训。

一、政府与专家、媒体“结盟”

早在 2012 年，余杭区政府便对垃圾焚烧项目进行过实地考察，并由市发改委、规划局等多部门成立了九峰垃圾焚烧厂建设工作领导小组，2013 年着

① 小白．城市发展如何消解“垃圾之痛”[N]．社会科学报，2017-7-13.

手选址报告编写工作。① 在此期间，当地民众听闻未来可能会在九峰村建立垃圾焚烧厂，向相关部门进行询问，却并未得到确切回复，也未曾参加过相关的项目沟通会。直到 2014 年 3 月 29 日杭州市规划局网站对《杭州市环境卫生专业规划修编(2008—2020 年)修改完善稿》进行公示，提出在九峰村新建垃圾焚烧发电厂，该项目正式进行选址。② 4 月 22 日，浙江省住建厅发布了该项目的批前公示。民众基于该项目选址决策是在“既没有邀请当地民众参与选址，也没有对该项目做环评”的情况下作出的，并且九峰村村民及周边居民担心垃圾焚烧厂会对生活饮水及环境造成危害，九峰垃圾焚烧厂选址遭到了当地居民的强烈反对。

然而，浙江省环境保护科学设计研究院表示并未对该项目做过环评，市环保局也未收到该工程的环评报告。③ 相关政府部门在没有对该垃圾焚烧厂进行环评以及征询专家意见的基础上，仅根据实地考察结果进行选址，未严格按照法定程序进行选址决策。政府仅基于自身对风险——收益的考虑，在整个决策过程中与专家、媒体形成同盟，一方面严密控制项目选址信息的传递；另一方面以专家名义强调项目的经济、社会价值。地方政府部门缺乏足够的民主意识和程序意识，未鼓励民众积极参与，也未向公众发布相关信息。表面上看选址决策效率较高、社会反对声音较小，但当项目的提前批示公示之后，基于垃圾焚烧厂可能对当地经济、环境及居民健康产生负外部性影响的风险感知，公众对该邻避项目表现出强烈不满并采取了一系列的抗争行动。

二、无效的风险沟通

在面对民众“健康权”“发展权”的诉求时，地方政府忽视公众的参与权和知情权，未采取有效沟通方式④，邻避冲突爆发前政府针对小范围的聚众抗议作出了回应，但仅从政府角度进行单向度的宣传，对于公众关心的垃圾燃烧排放物的处理及对环境的影响等问题并没有给予充分说明，同时公众也没有有效

① 因处于规划阶段杭州垃圾焚烧项目未进行社会稳定风险评估[EB/OL].(2014-05-12)[2018-09-03]. http://www.chinanews.com/ny/2014/05-12/6158117.shtml.

② 因处于规划阶段杭州垃圾焚烧项目未进行社会稳定风险评估[EB/OL].(2014-05-12)[2018-09-03]. http://www.chinanews.com/ny/2014/05-12/6158117.shtml.

③ 中国垃圾信息工作网络简报——杭州中泰反焚烧事件专题[EB/OL].(2014-5-13)[2018-09-18]. http://www.waste-cwin.org/node/1657.

④ 谢云挺. 垃圾焚烧厂“反建”事件频发杭州九峰的项目为何能浴火重生?[N]. 新华社，2016-8-6.

沟通平台表达自身的利益诉求，不仅没有消除公众疑虑，还加剧了公众对邻避设施风险的恐慌。① 这种无效的风险沟通使公众与政府间的关系日益紧张，加深了冲突双方的矛盾，进而引发了公众的抗争行动，如图 3-2 所示。

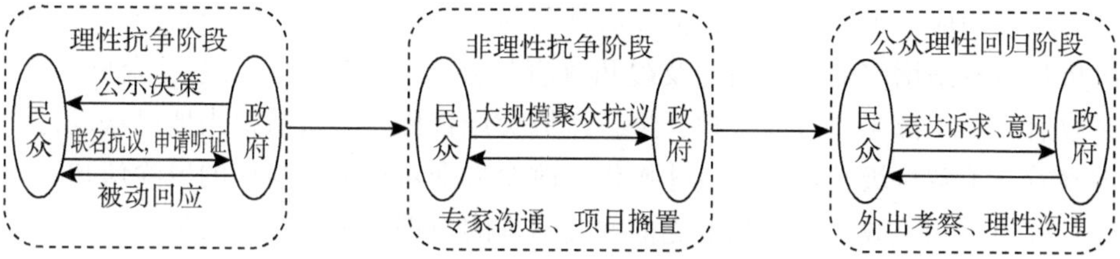

图 3-2 公众抗争行动阶段变化图

一是理性抗争的阶段。在九峰垃圾焚烧发电项目批前公示 2 日后，针对公众提出的质疑及公示听证的要求，市规划局当日进行书面回复，同时公众与市规划局相关负责人进行了“非正式对话”，提出几点意见，但后续并未采取实质性的有效措施。此后，附近居民也多次到中泰乡政府、余杭区政府及杭州市规划局等部门反映，均未得到回应。② 公众在邻避设施抗争初期以理性、克制的态度，采用制度化的抗争策略，积极与相关政府部门进行对话，希望得到政府的关注和正面回应，然而这样的理性抗争行动并未引起政府及项目主管单位的重视。

二是非理性的抗争阶段。“项目秘密开工”的消息传出后，在多次通过理性抗争未获得满意结果的情况下，当地居民开始采取拉横幅、发宣传单等方式，举行了大规模的聚众抗议活动。迫于公众压力，杭州市政府于第二日召开了专家媒体沟通会，拟通过向公众讲述垃圾焚烧技术、排放标准设置、国外成功做法等打消公众的顾虑，但未产生明显效果。邻避抗争行动进一步扩大升级，交通中断、警民冲突发生，网络上开始出现“多人受伤、多人伤亡”的报道。在巨大的舆论压力下，杭州市政府第二日召开新闻发布会，承诺在项目建设过程中保障公众的参与，此后仍有小部分人聚集抗争。警方对借机滋事、挑起事端的犯罪嫌疑人依法刑拘，对散布谣言者予以行政拘留，冲突事态逐渐平

① 张紧跟．邻避冲突何以协商治理：以杭州九峰垃圾焚烧发电项目为例[J]．行政论坛，2018(4)：97.

② 张紧跟．邻避冲突何以协商治理：以杭州九峰垃圾焚烧发电项目为例[J]．行政论坛，2018(4)：95.

息。作为冲突事件中的弱势群体，公众缺乏强有力的抗争资源，向政府部门表达诉求也未得到积极的回应，于是选择用“闹大”的非理性抗争方式增强影响力，以期其利益诉求得到相关部门的关注和重视。

三是理性行为的回归。杭州市政府等相关部门虽然在大规模冲突爆发之后及时出面回应，平息了冲突，但政府部门与公众之间的关系十分紧张。为了解决杭州市日渐增多的垃圾问题及缓和政府与公众之间的紧张关系，余杭区委、区政府机关干部亲自入村入户，进行垃圾焚烧宣传，多次组织当地民众进行实地察看，了解垃圾焚烧项目具体操作，改变群众对垃圾焚烧厂的风险认知。此外，杭州市相关政府部门吸取之前冲突治理的教训，在九峰垃圾焚烧发电工程的选址、环评、公示、排放物监测等各个环节充分关注公众的反馈与意见，最终，在获得多数民众理解与支持后，九峰垃圾焚烧发电工程于2015年5月20日正式开工，并于2017年9月试运行。该项目日处理焚烧生活垃圾3000吨，项目运营企业及时向社会和公众公开披露各项环评指标。① 杭州市政府在九峰垃圾焚烧发电项目重启过程中，积极倾听公众声音，将公众利益诉求吸纳至邻避决策系统中，促使公众理性抗争行为的回归，这是当地政府尊重民意的体现，也体现了地方政府邻避冲突治理观念及模式的转型。

三、从强制设址到科学决策

九峰垃圾焚烧厂设址冲突事件发生后，项目被迫搁置，一年后重新启动，最终成功设址。在项目重启阶段，政府转变了强制性设址的理念，选择了专业的项目建设方承建与运营垃圾焚烧项目。在项目设计过程中，该公司多次组织听证会，尽量提高垃圾的处理规模，还增加了花园式设计，注重垃圾焚烧厂的视觉设计，以提升公众的接受度。同时，政府改变了单向信息沟通方式，通过主流媒体向公众发布垃圾焚烧项目的重要信息，还召开了两次关键性新闻发布会，对于项目的选址、环评等情况进行充分说明，并回答公众的疑问。

为了疏解公众的邻避情绪，政府积极了解相应情况，抽调驻村干部进行入户调查，逐个进行答疑解惑。政府及承建企业还组织4000余名公众进行现场考察，使公众了解垃圾焚烧厂项目的真实情况。此外，杭州市及余杭区政府制定了风险补偿方案，以协调平衡各方利益。政府还建立了改善环境的专项基金，该项基金用于改善垃圾焚烧厂周围的生活环境、建立相关配套设施、促进区域经济发展等工作。

---

① 栾彩霞．杭州九峰垃圾焚烧发电项目[J]．世界环境，2018(5)：13.

第四节　武汉康复医院设址：邻避冲突治理的制度内参与困境

为了应对人口老龄化带来的养老保障压力，国务院办公厅发布《社区服务体系建设规划(2011—2015)》，指出要整合社区内的各种养老资源，兴建社区养老设施，为老年人提供包括无偿的公益服务、低偿的基本养老服务以及较高收费的个性化养老服务在内的系统的社区养老服务。社区养老设施的兴建虽然能够缓解社区及周边家庭养老保障的压力，但由于存在对身体健康、房产价值、小区宁适度的威胁，其邻避效应日益凸显。社区居民为了维护自身权益，自发组织各种形式的抗争行为抵制项目落地，往往在与养老设施建设方的僵持中以“多输”“闹解”的局面收尾，将社区养老设施的建设推向无处落地的困境。在各类社区养老设施设址冲突事件中，武汉康复医院设址为当前邻避冲突治理提供了有益启示，当地政府在推进康复医院设址过程中辩护式的诉求回应方式、管控式的武装干预行为、应急式的政策妥协策略表明，地方政府在邻避治理中很难跳出“决策—宣布—辩护”的行为逻辑，无法摆脱“沉默—管控—妥协”的路径依赖，体现了地方政府所固守的传统的管制型治理理念和行为方式。

一、辩护式的诉求回应

为了缓解日益增长的养老保障压力，2014 年湖北省人民政府出台《关于加快发展养老服务业的实施意见》(鄂政发〔2014〕30 号)，提出加快推进医疗卫生与养老服务相结合，加强二级以上综合医院老年病科建设，做好老年慢病防治和康复护理。武汉市在 2015 年全市卫生计生工作要点中明确指出“加快发展社会办医”。湖北济民瑞浩老年康复服务有限公司(以下简称“建设单位”)响应各级政府号召，在中国老龄委和中国老年事业发展基金会的指导和支持下，与中国老年事业发展基金会合作，拟于武汉市东湖高新开发区虎泉街 299 号设置“武汉中健银龄康复医院建设项目”。

2015 年 10 月 13 日，武汉市卫生和计划生育委员会在官网上对武汉中健银龄康复医院建设项目的设址情况进行了公示。随后，建设单位委托湖北君邦环境技术有限责任公司(以下简称“环评单位”)编制该项目的环境影响报告书，于 2015 年 11 月 2 日在市环保局网站“环评单位承接项目环评公示”栏目对该项目的基本情况进行公示。规划地周边部分居民在知晓信息后，非常担心康复医院的兴建和运营会对个人安全、房地产价值、小区宁适度等造成威胁，多次通过信访、市长热线等方式向武汉市卫生和计划生育委员会、武汉市环保局等政府部门表达利益诉求，然而得到的却是避重就轻、避实就虚的无效回应。

在武汉市康复医院设址事件中，武汉市卫计委、环保局选择在规划地周边居民日常不会光顾的地方“静悄悄地公开”康复医院设址的相关信息，再加上武汉市环保局公开的环境影响评价报告相关数据可读性差，规划地周边居民无法从数据中获得精确的信息，这就导致了谣言和“小道消息”的滋生和传播。随着康复医院设址负面信息的不断传播，越来越多的规划地周边居民意识到该设施即将兴建带来的风险和威胁，居民的维权意识被充分地调动和激发，参与抗争的群体规模逐步扩大。为了阻止项目设址，规划地周边居民先后多次到武汉市卫生和计划生育委员会、武汉市环保局上访表达利益诉求，但收到的回复却是“缓解养老保障压力”“优化医疗卫生环境”等对康复医院设址社会意义的片面强调，以及“依法受理医院设址申请”“公示期未收到关于该医院设址的反对意见”“依法同意医院设址许可”“根据有关规定公示环评简本”等对地方政府行政行为合法性的辩护，对规划地周边居民的利益诉求及康复医院设址可能造成的对周边居民个人健康、房地产价值、小区宁适度的威胁等内容却总是刻意回避。面对公众关于康复医院项目设址的询问和质疑，地方政府辩护式的诉求回应方式，不但没有表现出对公众利益的关切和维护，反而强化了规划地周边居民的相对剥夺感。情感上的挫折将导致政府信任进一步流失，通过制度内渠道表达利益诉求的失效使得规划地周边居民不得不采取制度外的抗争方式。隐藏在辩护式诉求回应表象之下的，正是地方政府官本位的管制理念和强制型治理方式。

二、管控式的武装干预

由于居民制度内表达利益诉求的失效，政府信任急剧下降，规划地周边居民自发组织起来，通过聚众抗议倒逼武汉市政府作出回应。2015 年 6 月 24 日，规划地周边居民发起大规模聚集，他们身着统一服装、手拿印有“反建临终关怀医院”“保护宜居社区环境”字样的横幅，有序地从规划地向光谷大转盘方向行走，造成光谷大转盘附近路段的交通拥堵。

近年来，社区养老设施的邻避效应日益凸显。社区养老设施的兴建的潜在威胁，成为地方政府无法回避的现实问题。在武汉康复医院设址冲突事件中，地方政府为了确保康复医院成功设址，反复强调老龄化背景下建设康复医院的必要性及其社会效益，对康复医院的负外部性却总是刻意回避，阻塞了规划地周边居民表达利益诉求的渠道，迫使其不得不采取非理性的邻避抗争方式维护其自身的权益。制度内利益诉求表达的失败消解了公众对政府的信任。面对漠视公众知情权、参与权的地方政府，规划地周边居民不得不组织起来，通过集会、“散步”、游行等方式倒逼地方政府作出回应。业主们的“散步”行动很快造成交通拥堵，在公众与地方政府之间的矛盾随时可能进一步激化，群体行动随时可能演化为冲突事件的关键节点，当地政府紧急出动特警赶往现场维持秩序。头戴钢盔、手持防爆盾牌的特警的出现虽能够起到维持现场秩序的作用，但也给参与行动的规划地周边居民造成强大的压迫，彻底将公众推向了地方政府的对立面。在武汉康复医院设址冲突事件中，规划地周边居民策划大规模群体行动的意图在于表达利益诉求，这时只要政府主要官员出面安抚群众心理，承诺通过对话协商解决设址问题就能缓和冲突事件。但在传统的管制型治理理念的影响下，地方政府选择了管控式的武装干预行为，造成了官、民的严重对立。

三、应急式的政策妥协

迫于民众的压力，2016 年 8 月，武汉市政府正式发文宣布“武汉中健银龄康复医院项目因遭附近业主强烈反对、存在较大社会风险而暂停项目审批”。至此，武汉中健银龄康复医院项目被迫中止。

根据普鲁特的冲突螺旋理论，冲突的循环一旦开始就难以停止，因为采取冲突行为的两方主体都不愿在对方面前表现出弱势，更不愿承担因妥协造成的额外成本。因此，为了在短时间内化解邻避冲突、恢复社会秩序，大多数邻避设施设址冲突事件最终都以地方政府承诺“达成广泛共识前绝不再建”“迁址”等应急式的政策妥协收尾，武汉康复医院设址事件也不例外。武汉康复医院设址事件中，规划地周边居民的抗争行动虽然在地方政府的管控式武装干预下草草收场，但却引起了省委、省政府的高度重视。随后，地方政府与规划地周边居民就康复医院设址问题进行了多次协商谈判，却始终无法改变公众对康复医院设址的抵制态度。面对随时可能激化的矛盾和一触即发的邻避冲突，妥协是一种化解策略，但却无法化解邻避项目成本收益分布不均衡的矛盾。地方政府的妥协虽然顺应了规划地周边居民的民意，但却造成城市重要公共项目供给受阻。换言之，地方政府的政策妥协虽然能够在短时间内平息冲突，恢复秩序，引发邻避冲突的内在矛盾并没有被消解，整体社会的养老保障压力也没有得到缓解。此外，由于政府信任的流失，地方政府的公共性与合法性受到质疑，政府的契约精神遭到损害，弱化了城市吸引力和其他投资者的投资热度，也不利于地方经济和社会的发展。①

在武汉康复医院设址冲突事件中，从辩护式的诉求回应方式到管控式的武装干预行为再到应急式政策妥协的整个过程，体现了地方政府管制型治理理念和行为方式，代表了一种典型的政府管制型邻避冲突治理模式。地方政府对社区养老设施邻避效应的忽视，设址信息无效公开导致政府信任流失，公民参与缺位造成第三方环评失败等，都是引发邻避冲突的重要原因。武汉康复医院设址冲突事件给地方政府及相关研究领域的学者以警示，成为邻避冲突治理创新的缘由。

第五节　政府管制型邻避冲突治理模式的基本特征

通过对上述四个案例中政府邻避冲突治理的行为分析，结合2003—2017年国内17个典型邻避冲突案例的统计(如表3-1)，可以发现，我国地方政府邻避冲突治理在治理理念、治理主体、治理机制和治理方式上体现出突出的管制型治理特征，形成了政府主导的管制型邻避冲突治理模式。政府管制型邻避冲突治理模式是政府部门作为邻避冲突治理的主体，采取行政手段，主导邻避设施的选址、冲突争议的解决，并运用政府强制力，控制公众的抗争情绪和抗争行为的治理模式，其基本特征如表3-1所示。

表3-1　　**典型邻避冲突发展进程**

序号	时间	名称	事件过程	设施性质	事件结果
1	2003年	王子纸业排污入海工程环评争议	大型浆纸一体化工厂建立——排海管道势在必行——人大代表提出抗议议案未果——排海工程环评通过——项目可行性获批准——村民递交行政诉状——政府表示不予受理——群众爆发游行——政府宣布停工	经济	停工

① 辛方坤．邻避风险社会放大过程中的政府信任：从流失到重构[J]．中国行政管理，2018(8)：129.

续表

序号	时间	名称	事件过程	设施性质	事件结果
2	2016年	仙桃垃圾焚烧发电项目	仙桃推进城乡环卫改革——生活垃圾统一处理——政府兴建垃圾焚烧站——居民街头抗议——政府宣布停建——市政府派人员赴外地考察——建立产业指挥部——提议建设循环经济园——公开招募监督员——专家对项目进行质检——项目投产运行	经济	运行
3	2014年	浙江中泰九峰垃圾焚烧厂事件	生活垃圾问题日益严峻——市政府决定建垃圾焚烧站——居民网络抗议——群众提交联合签名抗议——居民提出公正的申请——政府未给予重视——政府发布停工公告——数千名居民涌向拟建地——发电厂进入停工阶段——通过环评批复——获得批准——投入试运行	经济	运行
4	2013年	深圳龙岗：垃圾焚烧厂附近建保障房引争议	垃圾焚烧厂引起关注——居民进行网络声援——民众线下表达愤慨——居民将市人居环境委员会告上法庭——居民进行信访投诉——问题移送市规划国土委	公共服务	停工
5	2007年	福建厦门PX事件始末	PX项目开工引起院士注意——院士联合向市委市政府建议——PX项目污染信息传播——环保局局长解答PX项目环保问题——公司经理解释PX工厂问题——宣布项目缓建——民众“散步”持续进行——市科协分发宣传册——召开市民座谈会——政府决定迁址	经济	迁址
6	2016年	遇阻的社区居家医疗养老中心	消息群发——谣言四起——业主疑心——赶赴施工现场——商铺装修——要求停工——查看租赁合同——网络发帖——50多名业主拉起横幅反抗——养老中心宣布停工——医院辟谣——公司澄清——医院写信劝告——签署承诺书——撤出小区	公共服务	停工

续表

序号	时间	名称	事件过程	设施性质	事件结果
7	2009 年	广东番禺垃圾焚烧发电厂事件	广州番禺陷入垃圾围城的困扰——政府拟建垃圾焚烧处理发电厂——计划遭到了当地居民的强烈反对——政府暂停该项目的实施——政府听取民意，再次征集选址——垃圾焚烧发电厂易址南沙	经济	迁址
8	2011 年	北京海淀西二旗地区垃圾处理场事件	北京海淀区西二旗拟建餐厨垃圾相对集中资源化处理站——项目遭到当地居民反对，并进行网络呼吁政府派出工作小组进驻小区，采集民意——居民走上街头进行行动维权——毛大庆委员提交了关于西二旗垃圾站重新选址的提案——政府重新选址	公共服务	迁址
9	2012 年	四川什邡钼铜项目事件	四川省什邡市引进宏达钼铜多金属资源深加工综合利用项目——部分网民对项目环保问题存疑——居民疑虑未引起政府重视——市民集聚政府门前反对该项目——政府紧急叫停该项目	经济	停工
10	2013 年	上海松江国轩电池厂事件	合肥国轩在松江建设了一个锂电池厂——居民对该项目环评及自身参与度表示——居民进行网络维权及“绿丝带”活动——专家及厂商进行回应——松江区政府发布通告，征求市民意见——国轩厂决定收回该公司松江项目全部投资，土地退还政府	经济	停工
11	2015 年	浙江象山垃圾焚烧发电项目	象山县垃圾产出量不断增加——宁波市委审批通过象山县垃圾焚烧发电项目——村民阻挠垃圾车进填埋场，并与工作人员发生肢体冲突——政府对该项目重新进行环评——象山县政府召集专题会议听取意见和建议，并派工作组进村入户——提出解决环境危害的办法——事件平息	经济	运行

续表

序号	时间	名称	事件过程	设施性质	事件结果
12	2012 年	天津滨海 PC 绿色化工项目事件	中沙(天津)石化有限公司拟在天津滨海实施一个 PC 化工项目——大港人认为 PC 是一个剧毒项目，会带来巨大的环境污染——部分居民在开工仪式上即进行抗议——抗议达到高潮，数千人参与"散步"——天津市政府和中石化集团决定立即停止项目施工	经济	停工
13	2006 年	六里屯垃圾焚烧场事件	区政府决定建垃圾焚烧站——网络抗议——群众提交联合签名投诉信——政府公布环评结果——居民提出行政复议——政府召开专家听证会——政府各部门回应——提交停建提案——焚烧厂进入停工阶段	经济	停工
14	2013 年	育才小区附近新建医院事件	小区建医院——居民网络声援——居民住户横幅抗议——卫生局官方解释——居民仍然反对——卫生局书面通知，尊重居民意见，等待环评结果，另行选址	公共服务	迁址
15	2009 年	西城精神病医院进驻年华小区事件	安康医院办公点进驻小区——居民进行网络声援——居民线下抗议——居民张贴抗议书——居民集体签名抗议——院方解释仅为办公点，并不收治病人	公共服务	运行
16	2013 年	南景园变电站事件	南景园计划建变电站——居民网络抗议——线下集体维权，项目引起当地居民持续多天的抗议潮——市规划局做出复函，另行选址——居民以感谢信的形式表达对政府的感谢	公共服务	迁址
17	2017 年	龙城天都小区附近殡仪馆迁址事件	区民政局和街道联合向政府申办殡仪站并获批准——附近小区业主强烈反对——小区居民提交选址建议书——居民进行网络声讨——殡仪站无视责令通知书，继续修建——规划局向政府申请强制拆除	公共服务	停工

一、垄断控制的治理理念

受传统政治文化传统和制度环境的影响，我国地方政府在邻避冲突治理中秉持垄断控制的理念。关于邻避项目信息发布、邻避设施选址决策、冲突争议处置方案等均由政府运用强制力控制和垄断。政府垄断控制的治理理念，是计划经济体制下全能政府在公共事务和社会冲突治理领域中的另类再现，也是传统统治型政府理念持续作用的结果。①

垄断控制治理理念的形成是以政府的主导地位和资源优势为基础的。随着城市经济社会的发展，政府有必要加强垃圾处理厂、变电站等公共项目的供给，但这些项目的邻避属性使其面临周边居民的普遍排斥。邻避项目涉及政府、企业、公众多方利益关系的调适，由于政府在多方主体中的主导地位和资源优势，政府会试图控制和垄断治理过程，推动项目实施。

当然，公众的非理性邻避抗争行为也会强化政府垄断控制的治理理念。在邻避抗争行动中，公众由于诉求无门，采取静坐、示威等非理性抗议方式表达利益诉求，迫使政府在“维稳”压力下运用强制力控制事态发展。可见，公民的非理性抗争对垄断控制治理理念的形成起到了促进作用。同时，公民的非理性抗争也在一定程度上消解了邻避设施选址决策的权威性，由于公众强烈反对，邻避项目被迫暂停或取消，造成部分威胁和风险性较低的公共项目也供给受阻。

二、政府单一治理主体

政府管制型治理模式的特征之一是政府垄断邻避冲突治理权力，成为邻避冲突治理的单一主体。邻避冲突治理的主体结构可以通过主体构成及其相互关系衡量。如表 3-1 所示，由 17 个案例的变量统计来看，在 35%的邻避冲突案例里，政府是邻避冲突治理的单一主体，65%的案例中政府、邻避设施运营企业、专家、媒体共同参与邻避冲突治理。100%的案例中，邻避抗争者作为邻避冲突治理的对象。虽然在 65%的案例里，引入了邻避设施运营企业、专家、媒体，但政府与其他主体的地位是不平等的。政府将其他主体作为说服邻避抗争者的工具。

---

① 陈宝胜．邻比冲突及其治理模式研究［M］．北京：中国社会科学出版社，2018：153.

表 3-2　　**典型案例主体构成与主体关系变量统计**

统计	典型案例变量值														
	主要项			次要项						其他项					
	选项	数值	比例	选项	数值	比例	选项	数值	比例	选项	数值	比例	选项	数值	比例
主体构成	政府	6	35%	政/企	4	24%	政/专	3	18%	政/企/专	2	12%	政/媒/专	1	6%
主体关系	不平等	17	100%												

说明：

主体构成：包含政府、企业、专家、媒体。

主体关系：分为平等关系、不平等关系。

政府单一治理主体作用的发挥依赖于其权威性和强制性手段的使用，整个邻避冲突治理过程都是在政府的主导下进行的，当政府认为邻避项目建设符合公共利益和政府自身利益时，反对邻避项目建设的公众、专家、媒体、社会组织等，便成为政府邻避冲突治理的对象；当政府认为邻避项目建设对公民利益和政府自身利益有损害时，支持邻避项目建设的企业、媒体、专家等，则是政府邻避冲突治理的对象。在上述情况下，政府通常会采取积极的措施影响邻避项目的立项和运营，从而达到预期的效果。

在邻避冲突治理中，政府单一治理主体的角色定位并不影响其与其他主体的合作：当政府认同某一邻避项目时，支持邻避项目的专家、企业、媒体等，都是政府的合作伙伴；当政府否定某一邻避项目时，反对邻避项目的专家、企业、媒体等便成为了政府的合作伙伴。然而，这些合作伙伴都处于从属地位，他们与政府的沟通交流缺乏平等协商的制度基础，他们按照政府的意愿，协助政府推进或取消邻避项目的建设。

政府单一治理主体不利于邻避冲突的有效治理。由于部分地方政府决策能力有限，特别是当邻避决策掺杂个人利益和腐败因素时，政府单一治理邻避冲突的过程会倾向于非理性，这显然不利于维护和保障公共利益，反而会激发社会矛盾，加剧公民与政府之间的对立，不利于社会和谐稳定。

三、管制型治理机制

管制型治理机制是政府管制型邻避冲突治理模式的重要特征，地方政府依托其控制的财政资源和权力资源，在邻避设施设址和邻避冲突事件中享有较大的话语权和主导权。从案例中可以看出，政府管制型治理主要表现为封闭决策机制、强制执行机制、信息控制机制和非制度化的参与机制四个方面。在管制型治理机制之下，政府看似掌握了邻避冲突治理的主动权，但是实际上却处于被动地位，这也是邻避设施"一建就闹、一闹就停"的原因之一。

（一）封闭决策机制

邻避设施不同于一般意义上的公共设施。一般公共设施，如学校、公园、超市等，在设址时遵循效益最大化或距离最小化的原则，确保公共设施更好地发挥其功能，而邻避设施因其不可避免的潜在风险，容易激发公众的抵制情绪。在邻避设施选址决策中，政府是决策的单一主体，决策由政府隐蔽作出，决策过程和决策依据很少或完全不向公众公开，公众很少了解邻避决策的有关信息。从案例的变量统计来看，如表 3-3 所示，71%的案例采取了封闭决策机制，23%采取公开决策但没有引入公民参与，另有 6%案例采取了参与式决策的方式。由此发现，封闭决策是邻避冲突治理的主要特征。即便是部分案例中邻避决策引入了公民参与，但当公众对项目展开讨论并提出质疑时，政府坚持"决定—宣布—辩护"的方式，不愿回应公众的诉求，甚至采取加密、删帖等方式阻断信息传播，单方面强势推进邻避设施设址。在本章第二节广东江门反核风波中，鹤山市政府为了争取投资 370 亿元的核燃料项目落户当地，立即与中核集团举行了签约仪式，确定了核燃料项目的设址。从项目动议到稳评公示，都没有对外公开决策信息。虽然政府组织了 3 次核燃料设址所在地的实地考察，但考察人员以政府部门相关工作人员为主，公众代表较少。当"稳评"信息在报纸和政府网站同步公示后，相关信息在论坛、微博上迅速发酵，引发了江门市民的强烈抗议。

表 3-3　　**典型案例决策方式变量统计**

典型案例变量值统计									
	主要项			次要项			其他项		
	选项	数值	比例	选项	数值	比例	选项	数值	比例
决策方式	隐秘决策	12	71%	公开决策	4	23%	参与决策	1	6%

说明：
决策方式：分为公开决策(无利益相关者参与)、隐秘决策、参与式决策三种。

政府公布邻避设施设址的信息之时，亦是邻避设施周边公众知晓邻避设施建设之时。而有的地方政府为了体现其决策的民主性和科学性，通常会邀请邻避设施相关专家或智囊团参与设址决策，其根本目的是通过专家或智囊团，向公众宣传邻避设施的安全性和科学性，以及其建设后能够带来的巨大收益，借以“堵住”反对者的言论，确保邻避设施设址的顺利进行。表面上看政府的封闭决策机制可以提高邻避设施设址的效率。但是，从长远来看，封闭型的决策机制往往是选址不合理、环境不正义的主要原因，成为邻避冲突的导火索。

（二）强制执行机制

强制执行机制是政府垄断控制的治理理念和单一治理主体方式下的常用执行机制。在邻避冲突治理中，强制执行机制主要包括两个方面。

第一，强制征用邻避设施设址所在地的土地，对于被强制征用土地的居民，由政府确定应当给予的补偿标准和补偿方式。本章第二节江门反核风波中，当地政府为了鼓励项目设址所在地的村民搬迁，给出了“以户为单位签字同意即获 5 万元奖赏”的条件，还安排村民免费入住镇中学旁边的新房子。当地村民除了不满 3.5 万元/亩的农田补偿标准外，他们对项目的落户并没有太多的反对意见。但是由于政府忽略了对受核燃料项目负外部性影响的其他公众的补偿，项目仍然遭到强烈反对。一方面，大多数企业家担心核燃料项目建成后，如果出现公众恐慌，很多人都会撤离，企业也就没法运转，地产商盖好的房子也卖不出去，从而影响其经济收益；另一方面，江门周边城市市民认为被拆迁征地的农民获得了较高补偿，但其他市民没有获得任何补偿，却要承担核威胁的风险，心理上不愿支持。可见，政府强制补偿难以促成利益补偿的共识，不利于疏解公众的邻避情结，增强邻避设施的可接受性。

第二，强制推进邻避设施建设。政府强制推进邻避设施建设主要体现在当邻避设施设址引发公众抗议时，政府动用强制力强迫公众支持项目设址，并使用国家暴力机器，对公众集聚进行高压处置。本章第一节广东茂名 PX 项目中，茂名市政府为了顺利推进 PX 项目，向茂名石化系统、教育系统工作人员及在校学生发放了《支持芳烃项目建设承诺书》，要求其签署支持维护 PX 项目建设、不组织和参与反对 PX 项目抗争活动的承诺。当公众集会抗议时，茂名市政府动用警力驱散公众，并将数名抗议者带走调查。强制执行机制通常效率很高，但是强制执行机制由于对公民利益诉求和环境权益的漠视，极易激化双方矛盾，是邻避冲突事态升级扩大的重要原因。

（三）信息控制机制

一般而言，政府对邻避信息的控制主要体现在以下几个方面：首先，对邻避决策信息的控制。从典型案例来看，政府内部会严密封锁邻避设施设址的决策信息，当信息以稳评公示方式公开或被网络意见领袖披露后，政府通常会采取删帖、加密等方式封堵网络民意，阻断决策信息的传播机制。其次，对网络舆情的信息控制。在邻避冲突事件中，当网络舆情不断发酵，质疑和反对声音愈演愈烈时，政府便利用行政职权控制网络舆论，禁止相关媒体对事态的跟踪报道。如广东茂名 PX 项目案例中，当决策信息被网友在网络论坛上披露后，茂名市政府要求主要网站负责人严控 PX 项目有害言论，禁止各大网络媒体播报 PX 项目的负面消息，试图操控网络舆论。最后，针对相关领域专家言论的信息控制。当邻避项目遭到公众质疑和反对时，政府一般会邀请相关领域的权威专家对邻避项目进行宣传讲解。同时，政府会要求专家更多地从邻避设施的积极效应方面进行解读，而反对该邻避项目的专家则有可能被控制言论。

(四)非制度化的参与机制

在政府管制型邻避冲突治理模式中，无论是邻避项目引进、选址、环评、决策，都由政府主导或垄断邻避冲突治理的过程，政府较少回应、吸纳公众的意见，公众被排斥在冲突治理之外。由于政府忽视公民参与机制的建立和完善，公众只能通过微博、论坛等社交网络发表意见，表达自己的利益诉求。从典型案例可以看出，在公众邻避抗争初期，大多数地方政府都没有通过正式渠道对公众提出的关于邻避设施选址及其健康威胁等问题作出正面回应，其结果是公众不得不通过非正式渠道表达自己的质疑和主张，形成了邻避冲突治理的非制度化参与。而互联网的发展与应用又为公众的非制度化参与提供了平台。在网络空间，个体利益被广泛感知，许多社会问题获得高度关注和积极干预。而意见领袖通过发表犀利的观点吸引大批网民的关注和追随，从而形成了一个具有共同价值取向的网络集群。虽然该群体中一部分人是旁观者，但他们能够借助共通感的同情机制而感受到其他人的行为。一旦直接利益相关者的问题没有得到圆满解决，通过网络议题的渲染和扩张，就会激发众多无直接利益者参与集会、游行、示威及其他对抗。① 非制度化参与下形成的汹涌的民意及高效的网络动员，对政府形成强大的舆论压力，导致暴力冲突事件频繁发生。

四、线性化的治理路径

从前述案例来看，针对不同类型的邻避设施，政府均以成功设址为目标，

① 许敏．网络群体性事件的演进逻辑与生成机理[J]．宁夏社会科学，2015(2)：55.

在邻避设施设址和邻避冲突治理中采取线性化的路径。① 具体如图 3-3 所示。

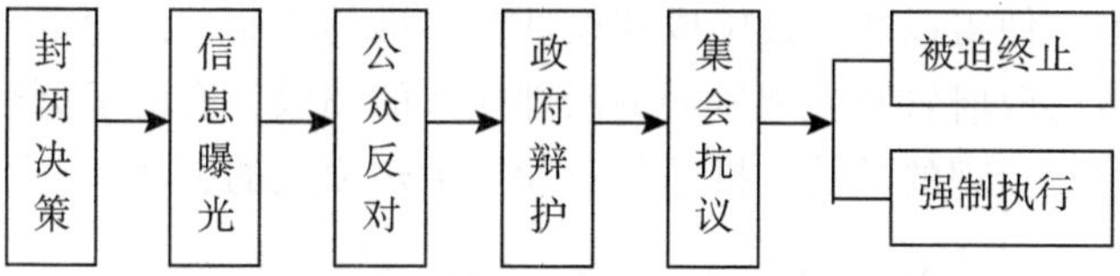

图 3-3　政府管制型邻避冲突治理模式的治理路径

邻避设施选址决策时，以政府为主导进行封闭决策。当信息曝光后，事件在网络空间迅速发酵，公众表达对邻避设施设址的不满与质疑。政府未能在第一时间回应广大公众的意见，并用“辟谣”、信息控制等方式掩盖决策真相，导致官方舆论场与民间舆论场的分化。随着事态的升级扩大，网络场域的声讨与抗议转变为现实关联行动，大量公众通过集会、“散步”的方式发起邻避抗争行动。为了能够尽快平息事态，政府通常采用刚性压制的治理方式或被迫终止设址。在线性化的治理路径下，政府较少成功设址，绝大多数邻避设施在公众的强烈抗议下被迫终止或暂停。

无论是封闭式的邻避设施选址决策，还是对公众意见的忽略、拖延，以及信息控制、强制执行机制的使用，都表明地方政府以邻避设施成功设址为目标，这与政府晋升锦标赛下片面追求经济发展的行为逻辑密切相关。由邻避冲突案例变量值统计来看，82%的邻避设施的选址是为了实现地区的经济发展目标。可见，经济发展观是当前地方政府管制型邻避冲突治理的重要原因，它导致地方政府忽视公民环境权益，接受邻避设施潜在的健康风险和环境风险。

第六节　政府管制型邻避冲突治理模式的治理绩效

从政府的角度来看，绩效是指政府在社会经济管理活动中的结果、效益和管理效率，是对政府实施政策、项目或计划等某一方面行为及其结果进行的评价，一般是显性的行为与可观察的结果。② 政府垄断控制的治理理念、单一的

① 陈宝胜．邻比冲突及其治理模式研究［M］．北京：中国社会科学出版社，2018：157-158.

② 郭燕芬，柏维春．政府效能的概念界定、辨析与发展［J］．广西社会科学，2017（8）：133-137.

治理主体、管制型治理机制、被动回应与刚性压制的治理方式，侵害了公民权利，损害了社会公平和环境正义，造成政府和社会之间的对立，其政治成本和社会成本巨大，使得以邻避设施成功设址为标准的管制型治理常常面临绩效不彰的困境。考察政府管制型邻避冲突治理模式的绩效，有助于更好地揭示政府管制型邻避冲突治理的弊端，推动邻避冲突治理模式的创新。

一、邻避设施成功设址与合理设址

为了满足经济社会发展和公民生活的实际需要，政府规划和建设了大量公共设施，一些公共设施在增进公共利益的同时，也因其邻避效应产生负外部影响。对于公众而言，当公共设施负外部性对公民的人身健康、财产安全等产生较大威胁时，该设施便成为公众争相抵制的对象。因此，邻避设施的成功设址与合理设址便成为了评价政府管制型邻避冲突治理模式绩效的重要指标。

成功设址与合理设址是两个不同的评价指标。成功设址重在强调“成功”，合理设址重在强调“合理”。很多时候，“成功”并不等同于“合理”。一个邻避设施的成功设址，可能是在政府的强力管制下形成的。公众迫于政府的压力，即使认为其设址是不合理的，亦只能接受。也就是说，成功设址的背后可能存在无奈、被迫等情况。而合理设址则是在综合考量公众、政府等各方面的情况，是在将公众、政府等多方主体利益诉求充分调适的基础上最终确定的设施选址。比较而言，合理设址更能获得公众的认可和赞同，更有利于政府邻避设施建设的顺利推进。

当前，诸多邻避设施都不同程度地遭到了公众及其他利益相关者的反对。政府管制型邻避冲突治理模式下邻避设施设址成功率低下与不合理设址并存。低下的设址成功率导致设址前期人力、物力、财力等投入“打水漂”，在一定程度上损害了政府和公众之间的信任关系。而个别邻避设施成功设址，其背后也涌动着反对的暗流，埋下了社会冲突的隐患。

二、邻避冲突爆发及其影响

邻避冲突一般由污染类、风险集聚类、污名化类、心理不悦类四种邻避设施的建设和运营所致。① 目前，我国邻避冲突主要集中于风险集聚类和污染类，且这两类邻避冲突通常会演变为大规模的群体性事件。邻避冲突爆发的直接原因是邻避设施设址对社区周边环境和社区居民的生活产生了负外部性影

① 陶鹏，童星．邻避型群体性事件及其治理[J]．南京社会科学，2010(8)：63-68.

响，设施周边居民及潜在利益相关者反对邻避设施的建设或运营，进而引发冲突。近年来，我国邻避冲突爆发频率显著增高，邻避冲突危害程度日益升级，邻避冲突的影响范围不断扩大。目前，容易引起邻避冲突的邻避设施主要有垃圾焚烧厂项目、PX 项目和涉核项目。以垃圾焚烧厂为例，随着居民生活垃圾和工业垃圾的增多，城市垃圾处理成为大多数城市的重点工程，大多数城市主张通过兴建垃圾处理厂来处理城市垃圾。但是，垃圾处理厂的设址问题却遭到设址所在地居民的一致反对，并引发了一系列的邻避冲突事件，如 2006 年北京六里屯垃圾焚烧场事件、2009 年深圳龙岗垃圾焚烧发电厂事件、2012 年上海松江垃圾焚烧厂事件、2015 年浙江象山垃圾焚烧发电项目以及 2016 年湖北仙桃干河生活垃圾项目事件等。为了更好地解决邻避冲突问题，在李瑞农主编的《中国环境年鉴 2017》中，环境保护部宣传教育中心在负责编写“开展环境社会风险防范与化解研究”部分时，重点围绕垃圾焚烧、PX 及涉核等环境敏感项目的公众参与相关问题开展了调查研究，政府管制型邻避冲突治理模式的局限性使我国面临邻避冲突“不可治理”的困境。

第四章　政府管制型邻避冲突治理模式的生成及困境

政府管制型邻避冲突治理模式是政府部门作为邻避冲突的治理主体，采取行政手段，主导邻避设施的选址、冲突争议的解决，并运用政府强制力，控制民众的抗争情绪和抗争行为的治理模式。管制型治理是当前我国地方政府邻避冲突治理的主导模式。作为一种制度选择，管制型治理实际上受到各种传统因素的影响，并在“路径依赖”中不断自我强化，导致治理模式的变迁被“锁定”在一种无效或低效的状态。那么，政府管制型邻避冲突治理模式是如何形成的，造成了哪些危害？本章拟重点对政府管制型邻避冲突治理模式的生成及困境进行剖析，以破解邻避冲突治理模式转型的关键性障碍。

第一节　政府管制型邻避冲突治理模式的生成机理

关于管制型冲突治理的形成机制与实现路径，学者们从不同的角度进行了探讨。于建嵘、肖唐镖、唐皇凤等学者认为刚性稳定观决定了地方政府看待邻避冲突的态度，同时也影响着地方政府治理邻避冲突的行为。“刚性稳定观追求的是绝对安定的社会环境，故而把一切抗议行为都视为无序和混乱，都要采取行政手段压制或打击。”①燕继荣、陈春常、陈宝胜等学者认为管制型邻避冲突治理模式的生成与过度扩张的行政权力密切相关。随着行政权力的不断扩张，政府越来越多地承担起本该由市场和社会承担的事务和责任，成为主导邻避设施选址决策、邻避冲突争议处理的单一主体。“由于决策者的信息获取能力和问题处理能力有限，仅凭政府一方无法解决深藏于冲突表象下的社会矛盾，故而只能通过被动、消极的方式处理表面的冲突现象。”②孔繁斌、孟薇等

① 于建嵘．从刚性稳定到韧性稳定——关于中国社会秩序的一个分析框架[J]．学习与探索，2009(5)：113-118.

② 陈春常．转型中的中国国家治理研究[D]．上海：华东师范大学，2011：60-61.

学者认为管制型邻避冲突治理模式的生成源自于地方政府以经济发展为导向的政绩观，地方政府为了推动区域经济发展，与同样追求经济效益的企业合谋，通过暗箱操作、封闭决策、垄断信息等方式把公众排除在决策群体之外，以减少决策阻力，推动邻避项目的落成。①

任何一种制度的选择都是在复杂的内在动机和外部环境的共同作用下形成的，管制型邻避冲突治理模式的生成也是如此。维稳体制、职能方式、利益动机等因素对政府管制型邻避冲突治理模式的生成产生影响。维稳体制、职能方式、利益动机三者之间存在一种相互影响的建构关系，在特定的时空背景下，三者的交互作用是政府管制型邻避冲突治理模式生成的决定性力量。有鉴于此，本部分将在一个多维框架内讨论政府管制型邻避冲突治理模式的生成机理，试图为破解邻避冲突治理模式转型的关键性障碍奠定基础。

一、刚性稳定与压力维稳

（一）刚性稳定观下压力维稳机制的形成

秩序与稳定是人类社会生存与发展的基本需求，维持社会的整体秩序与和谐稳定是现代国家、执政党，乃至各级政府机关的核心职能和共同的政治追求。中华人民共和国成立以来，面对错综复杂的国内外形势，“三年自然灾害”“十年动乱”等危及社会稳定的事件频繁发生。所以，改革开放以后，邓小平在总结历史教训时就坚定地提出：“中国不能乱哄哄的，只有在安定团结的局面下搞建设才有出路”②“没有安定团结的政治环境，没有稳定的社会秩序什么事都干不成”③“中国的问题，压倒一切的是需要稳定，没有稳定的环境，什么都搞不成，已经取得的成果也会失掉”④，这一系列关于社会稳定的重要性及如何实现社会稳定的论述促成了维稳思想的形成和发展。

毫无疑问，国家的改革和发展需要稳定的社会环境，这就决定了社会稳定除了是一种价值导向外，更是一个操作性问题，所以国家在强调维稳重要性的同时也在积极探索维稳的运作机制。然而，在现行的“稳定是第一责任”的政治语境中，目标责任制和官员问责制的约束造成了维稳压力的逐层传递和基层

① 孟薇，孔繁斌．邻避冲突的成因分析及其治理工具选择——基于政策利益结构分布的视角[J]．江苏行政学院学报，2014(2)：119-124.

② 邓小平文选(第3卷)[M]．北京：人民出版社，1993：212.

③ 邓小平文选(第3卷)[M]．北京：人民出版社，1993：348.

④ 邓小平文选(第3卷)[M]．北京：人民出版社，1993：244.

堆积。面对“零指标”“一票否决”等体制内评价的巨大压力，地方政府不得不把维稳当作首要任务，为了确保辖区内平安无事，不计代价、不择手段，通过高压措施来维持表面的、一时的社会稳定，形成了一种追求僵硬稳定表象的刚性稳定观。

刚性稳定是一种静态的、强制的、脆弱的稳定，是在现有中央集权、科层式的体制中运行和展开的。刚性稳定的特征表现在以下三个方面：其一，刚性稳定的基础是封闭、排他的政治权力，出于对维稳运行可控性的考量，地方政府在维稳工作中经常有意或无意识地回避公众及社会组织的参与，将公众和社会组织物化为被动接受治理的对象，而非主动参与治理的权力主体。其二，刚性稳定的目标为绝对安定的社会秩序，故而把上访维权、静坐请愿、游行示威等一切理性和非理性抗争行为皆视为无序和混乱，动用强制力量进行弹压或打击。其三，刚性稳定的手段是控制社会意识和社会组织，通过舆论管制和实行严格的登记审批制度，压制不同声音，实现信息垄断。

这种绝对化、简单化的维稳目标虽然在一定程度上增强了维稳运行的可控性和可操作性，却也因为无法有效地确立政治权威和体制的合法性而表现出明显的脆弱性和不可持续性。执政者治理行为的失范、社会矛盾的积压，均有可能导致政治权威和体制合法性在权力运行的过程中不断流失。中央政府为了维持整体社会的安定，持续不断地向各级地方政府施加压力，令其不惜一切代价管控社会秩序。“由于刚性稳定没有弹性，缺乏韧性，没有可以缓冲的中间地带，而是通过不停的政治高压实现表面的稳定，因而隐藏着巨大的政治风险：维稳链条一旦发生断裂，整个社会就可能陷入大的动荡，所以这种刚性的稳定是不可持续的，它必须依靠压力在短期内得到维持。”①

(二)压力维稳的意蕴阐析

对任何国家而言，稳定是政权合法性的重要标志。当各种矛盾无法通过合法的途径得到解决时，采用高压手段维护社会稳定进而维护其政权合法性就成为政府的必然选择。在当前中国，政治运行的压力一方面来自于中央，中央向地方施压，要求不惜一切代价将社会矛盾消弭在基层，阻滞社会不满情绪向上层传递，表现为自上而下的政治考核压力；另一方面的压力来自于公众，公众在利益受损时通过制度内或制度外渠道自下而上地寻求权利救济，表现为自下而上的利益诉求表达压力。这两种不同的压力交织在一起，地方政府为了维护

① 于建嵘．当前压力维稳的困境与出路——再论中国社会的刚性稳定[J]．探索与争鸣，2012(9)：3-6.

其政权合法性只能通过强制的、治标不治本的手段来维持表面的、一时的社会稳定。

“压力维稳是中国特殊政治生态下的产物，是与威权主义的政治特性相适应的，同时也是与常态化的政治运行格格不入的。”①从过程的逻辑看，压力维稳的运行存在以下三个方面的特征：其一，压力维稳重应对轻预防，面对各种群体性冲突事件，地方政府通常采用的维稳措施主要是说服教育、舆论管控、强制弹压等被动的反应性措施，而非主动的预防性措施，这种被动的反应性行为往往使地方政府应接不暇、疲于奔命。在维稳上升为压倒一切的重要工作的背景下，为了尽快定纷止争，地方政府只能采取强硬手段弹压冲突群众，将公众推向地方政府的对立面，造成了矛盾的积压和激化。其二，压力维稳重视基层，面对复杂多变的国际形势和国内艰巨繁重的改革发展稳定任务，维稳的工作范围不断扩大，包括突发事件处置、信访总量控制、治安管理、社会舆情引导等。维稳工作范围的扩大化和泛化使大量社会问题政治化，即通过政治权力的介入，解决各种利益诉求，最终造成所有的社会问题都会指向政治领域，都要求政府包揽和解决。其三，压力维稳使政绩考核功能异化，政绩考核功能是上级政府监督下级工作的重要方式，也是调整官员职务层次的关键指标。为了全面、综合地反映工作实绩，绩效考核的指标涉及经济运行、社会发展、民主政治等多个方面，对一些重要指标如环保、信访、安全生产等实行“一票否决制”。因此，地方政府官员往往会采取“运动式”“突击式”的方式解决影响考核的重大问题，这必然导致维稳行为的异化。其四，压力维稳成本高，投入大。迫于刚性维稳的巨大压力，基层政府主观认为社会矛盾日益激化，社会稳定面临严重威胁，为了追求表面的、一时的社会稳定，投入大量的人力、物力，造成维稳成本不断攀升。

(三)异化的“维稳逻辑”催生管制型治理模式

客观来说，压力维稳的运行确实在一定程度上起到了化解矛盾、解决问题的作用，但社会矛盾的解决是一个复杂的系统性工程，面对引发缘由不同、呈现形态各异的社会矛盾，寄希望于通过维稳手段解决所有问题不仅不现实，还可能引发新的社会矛盾。由于地方政府把维护社会稳定、化解社会矛盾的维稳工作当作纯粹的政治任务，对高压手段的过度依赖使维稳工作陷入“越维越不稳”“治标不治本”“成本递增收益递减”的怪圈。在压力维稳的影响下，地方政

① 于建嵘．当前压力维稳的困境与出路——再论中国社会的刚性稳定[J]．探索与争鸣，2012(9)：3-6.

府在治理邻避冲突的过程中，容易产生一种“不稳定幻象”，在主观上将公众利益诉求的表达放大为社会不稳定因素，采取垄断决策、信息控制、强制弹压等管制手段压制邻避冲突，催生了政府管制型邻避冲突治理模式。

“压力维稳”对政府管制型邻避冲突治理模式生成的影响体现在以下四个方面：第一，维稳范围扩大化催生政府管制型邻避冲突治理模式。“压力维稳”的政治逻辑将社会秩序的绝对安定作为目标，把理性的抗议行为和非理性的抗争行为皆视为无序和混乱，采用强制型手段压制或打击，造成维稳工作范围的扩大化和泛化，导致地方政府在面对邻避冲突时，在主观上将公众反应性的利益诉求表达上升为进取性的政治权利攫取，从而将邻避冲突归入社会不稳定因素的范畴，运用行政权力的强制措施对公众的邻避抗争行为进行打压。第二，考核功能异化催生政府管制型邻避冲突治理模式。“在‘稳定是第一责任’的政治语境中，地方政府承受着‘零指标’和‘一票否决’等体制内评价的巨大压力，其维稳向度逐渐固化为过分重视体制内的评价，特别是中央和上级例行的考评”①，这导致地方政府在邻避冲突治理的过程中过分注重管辖地区在短期内和表面上的稳定，选择性地忽视公众合理的利益诉求和隐藏在邻避冲突表象下的矛盾关系，通过行政手段的强制力量直接介入邻避设施的选址决策和邻避冲突的处置过程。第三，非正义的权力分配催生政府管制型邻避冲突治理模式。为了减少维稳工作开展的不可控因素，“压力维稳”在具体运行的过程中都存在有意或无意识地将公众和社会团体排除在决策群体之外的现象，公众在这种维稳机制下利益诉求表达梗阻，法定权力行使不畅，被物化为被动接受治理的对象。地方政府在邻避冲突治理的过程中因循而至，通过封闭式的决策程序将公众及其他社会力量排除在治理主体之外，成为邻避冲突治理的单一主体。如市民 L 在论及上海反对虹杨变电站事件时谈道：

> “按照《500kV 超高压送变电工程电磁辐射环境影响评价技术规范》(HJ/T 24—1998)的规定，500kV 变电站的公众评价范围为选址地点 500 米半径范围，而他们一直对此范围内的上万名居民封锁消息。五角场街道、市电力公司和市环保局于 6 月 18 日秘密召开‘拟建虹杨变电站环境评估听证会’，不但事先未按规定进行公示，而且召集的也都是居委会干部。”

---

① 陈发桂．基层维稳的行动逻辑：从体制化运行到社会化运行[J]．理论与改革，2011(6)：55-58.

其次，手段与目的倒置催生政府管制型邻避冲突治理模式。在压力维稳政治逻辑的影响下，维稳从一时的权宜之计逐渐固化，并趋于常态化。本来作为手段的维稳逐渐被异化为目的，甚至嬗变为一些地方官员谋求晋升的手段，这导致地方政府在邻避冲突治理过程中，为了加速推进邻避设施建设以实现经济效益、谋求政治功绩，通过封闭式的决策议程设置提高决策效率；为了避免官民矛盾激化引发社会冲突，动用强制力量打压参与邻避抗争的直接利益相关者，为邻避项目的推进保驾护航。

二、全能主义与行政动员

(一)全能主义政府的形成与特征

“全能主义是指政治机构的权力可以随时无限制地侵入和控制社会每一个阶层和每一个领域的指导思想。”①在全能主义的指导下，政府自身的规模、职能、权力和行为可以不受法律和社会的制约，具有无限扩张的可能性。这种不受限制的扩张具体表现为：政府规模不断扩大，机构和官员越来越多，治理成本不断攀升；政府职能无限扩张，政府在履行职能的过程中越来越多地承担起本该由市场和社会承担的事务和责任，其行政权力的行使逐渐打破公私界限，深入到纯粹的私人生活领域；政府权力不受下属单位和独立权力机构的制约，只对上级领导机关负责。

从历史渊源和发展的逻辑看，全能主义在中国的兴起于20世纪初面临民族危机这一特定的历史时期。在军阀混战、传统制度瓦解的历史背景下，大量无法通过传统思想和常规方法解决的社会问题开始出现。在民族生死存亡之际，中国的知识分子开始意识到，只有先打造一个强力的政府机构，充分运用其政治力量、组织方法，深入和控制各个阶层和各个领域，才能实现对国家和各领域中组织制度的重建，才能实现社会问题的解决和民族危机的化解。由此可见，全能主义的诞生既是历史的，也是必然的，全能主义之所以能成为中国冲突治理的指导思想，正是这一历史背景下政治优先、政治第一的话语体系延续、影响的结果。

虽然全能主义对社会问题的治理有着积极的指导意义，对中华民族的崛起和社会主义现代化建设有着不可磨灭的历史贡献，但我们也清醒地认识到，若不能将政府的行政权力约束在适当的范围内，放任其随意进入社会的各个领域和个人生活的诸多方面，其结果只能是使社会治理陷入难以治理或者不可治理

① 邹谠．中国廿世纪政治与西方政治学[J]．政治体制比较，1986(4)：19-23.

的困局。受全能主义思想的影响，邻避冲突治理也常常陷入“一建就闹，一闹就停”的困境。在邻避冲突治理的具体实践中，全能主义对政府治理行为的影响主要体现在信息占有、资源掌控、全员动员三个方面。首先，在邻避冲突治理过程中，政府是邻避设施相关信息的掌控者，为了消除可能造成的负面影响，政府通常会严格控制相关信息的传播。在邻避设施选址决策的过程中，通过隐蔽决策的方式严控信息流出，在信息披露、公众提出质疑的情况下，采用辟谣、辩护、删帖等方式阻碍信息传播。这种试图通过制造和利用信息不对称来管控社会的狱警式管理①正是在全能主义的影响下形成的。其次，在邻避冲突治理过程中，政府是邻避设施建设与否、设施选址、补偿措施等治理方案的决策者，在制定决策的过程中，掌控决策资源的政府将公众及社会团体排除在决策群体之外，运用行政权力垄断决策过程，通过行政手段直接介入邻避设施的选址决策和冲突争议处置，通过强制力量压制抗议行为，这种坚持社会抗议零容忍的围堵式管理②也是受全能主义影响的结果。最后，在邻避冲突治理过程中，政府相关职能部门是决策的执行者，信访部门负责对公众的利益诉求作出回应，网监部门负责引导和监督舆论动向，公安部门负责在群体非理性冲突发生时强制弹压抗争行为，这种以党政首脑为核心，地方党政主要领导作为治理工作的总负责人，以专业职能部门为中心，通过组建“领导小组”将各主要职能部门联系并统筹起来，各部门全面参与的全面动员的邻避冲突治理机制③，也是全能主义强大动员能力的体现。

（二）冲突治理中的行政动员方式与现实问题

作为全能主义的具体实践，行政动员主要用于描述上级政府通过行政权威引导和操纵基层政府，通过自上而下的行政命令动员基层政府，敦促其完成上级政府分派的目标任务的治理行为。④ 这一行为以上级政府的行政权威为支撑，以对基层政府的定期考核和资源分配为基础，以自上而下的行政命令为手段，在具体的邻避冲突治理中表现出：治理目标明确、治理效率高等优势，同

---

① 燕继荣．变化中的中国政府治理[J]．经济社会体制比较，2011(6)：135-139.

② 燕继荣．变化中的中国政府治理[J]．经济社会体制比较，2011(6)：135-139.

③ 肖唐镖．当代中国的“维稳政治”：沿革与特点——以抗争政治中的政府回应为视角[J]．学海，2015(1)：78-80.

④ 刘成良．行政动员与社会动员：基层社会治理的双层动员结构——基于南京市社区治理创新的实证研究[J]．南京农业大学学报(社会科学版)，2016(3)：137-160.

时也暴露出容易忽视对公民权利和利益的保护，容易导致其本身正当性缺失等弊端。① 如上海化工研究院环评工程师在谈到上海松江国轩电池厂设址规划时表示：

> “两次公示结束后，我们立即开展了现场问卷调查，在以该项目为中心3公里范围内的环境敏感点内选取调查对象，共发放调查表150份，回收150份，回收率100%。其中，68%的被调查者支持本项目建设，14%的被调查者有条件地赞成，16%的被调查者持无所谓态度，2%的被调查者表示反对本项目的建设。”
>
> 对于问卷调查结果，市民L则表示：“150份调查不足以代表民意，而且国轩高科投建的电池厂是占地140亩，总投资近10亿的大项目，但是居民却没有接到开听证会的通知，现在都还有很多人不知道这件事。居民的利益没有得到政府应有的重视。”

在邻避冲突治理过程中，行政动员重要作用的发挥主要体现在组织结构的调整、目标责任制、任务派遣三个方面。其一，通过组织结构的调整处理日益复杂的矛盾关系，在转型社会、风险社会、网络社会三大结构性变迁的背景下，我国的社会矛盾不论是内涵、数量还是结构均朝更为复杂的方向发展②，为了消解日趋复杂的社会矛盾，基层组织通过结构调整实现了从官僚体系向网络结构的转化，打破了上级政府在信息和资源上的垄断地位，激发了基层政府治理邻避冲突的积极性和创造性。其二，通过目标责任制将治理责任落到实处，上级领导部门通过量化分解和签订责任状的形式将具体的治理目标层层分解下派给基层政府组织，并根据具体的治理效率和效果给予相应的奖励或惩罚。这种精确化、程序化的目标分解和责任落实，实现了对治理结果和治理过程的全面控制，使得基层冲突治理部门无法回避自身职权内的问题，有效遏制了消极怠政行为的出现。其三，通过任务派遣解决“治理者的悬浮”问题，传统科层制组织结构下的冲突治理是一种下级接受上级的指挥并按照上级下达的行政命令行事的上行下效式的治理模式。在这种治理模式下，决策者不直接接

① 张晓磊．突发事件应对、政治动员与行政应急法制[J]．中国行政管理，2008(7)：10-11.

② 张海波，童星．当前中国社会矛盾的内涵、结构与形式——一种跨学科的分析视野[J]．中州学刊，2012(5)：86-92.

触社会问题，而直接接触社会问题的执行者却不参与行政命令的制定，决策者对基层社会缺乏了解形成了“治理者的悬浮”，任务派遣作为一种主动解决社会问题的手段，主要通过将邻避冲突的治理者下沉到基层，使治理者在与公众互动和交流的过程中倾听公众的利益诉求，明确引发邻避冲突的症结所在，进而实现邻避冲突的“靶向”治理。

从总体上看，行政动员对邻避冲突的治理有一定的促进作用，能够迅速动员起行动系统，但也存在权责不匹配、基层维稳压力大等弊端，从而影响邻避冲突的治理效果。首先，权力是责任的前提，责任是权力的归宿，要实现邻避冲突的有效治理就必须赋予基层政府与其治理责任相匹配的治理权力，然而在邻避冲突治理的过程中，上级部门总是将邻避冲突的治理责任按照属地管理的原则交付给基层政府承担，导致邻避冲突的治理压力向基层政府堆积。由于基层政府掌握的治理权力和治理资源是有限的，在面对复杂、棘手的邻避冲突时，基层政府只能通过被动、消极的方式应对表面的冲突现象，容易陷入进退两难的治理困境。其次，在“压力型体制下”，邻避冲突的治理目标是将矛盾化解在基层，这就意味着基层政府既要面临来自上级政府的政绩考核压力，也要面对来自公众的日益多元化的利益诉求表达。面对与日俱增的维稳压力，基层政府往往会选择通过规范化表述、“办事留痕迹”等积极行政、消极治理的策略性自我保护行为规避行政问责①，在邻避冲突的治理过程中花费大量时间用于回应无理无效诉求和制造文档材料，表现出积极行政的面向，面对公众合理合法的利益诉求表达却避重就轻、避实就虚，表现出消极治理的面向。如市民 S 在论及上海反对国轩新能源电池厂事件时谈道：

> “政府要在我们附近建电池厂，信息公开了多少？让我们了解了多少？有听听民意吗？我们一开始是想要和松江区绿化和市容管理局的工作人员进行沟通咨询的，但是政府人员都是敷衍了事，我们没办法只好采取‘散步’活动。”

三、政府与企业的利益合谋

从本质上看，邻避项目是一种以解决社会问题或满足公共需求为导向的公

① 雷望红．被围困的社会：国家基层治理中主体互动与服务异化——来自江苏 N 市 L 区 12345 政府热线的乡村实践经验[J]．公共管理学报，2018(2)：43-55.

共决策，唯有将其引发的冲突行为置于公共政策的视域下进行考察，才能实现对问题症结的准确把握。① 作为一种公共政策，邻避项目的公共性不仅体现在多元主体参与政策制定、社会效益由全体社会共享，还体现在利益主体的多元分布。在政策制定和实施的过程中，不同的利益主体为了实现利益最大化，通过协商和妥协达成利益联盟，通过利益合谋影响邻避决策的制定和实施，进而实现各自的预期目标。

（一）邻避项目的利益结构分布

邻避设施建设和运营的过程中，政府和企业没有承担全部成本却分享了大部分效益，规划地周边居民只获得较少效益却承担了大部分成本。这种政策实施产生的效益由少数人分享，而实现这一政策所需支付的成本由多数人分担的现象即为施蒂格勒模的"成本分散-利益集中"模式。在这种模式下，成本与收益严重失衡将在成本承担者群体中形成强烈的相对剥夺感，极易引发冲突事件。

从成本分散的角度看，地方政府在宣传邻避设施项目的过程中，通常会反复强调兴建邻避设施将带来整体的社会效益，如发展 PX 项目可以推动区域经济的长效增长、建设核电站能够解决电力供应短缺的问题、建造焚烧厂可以改善城市居民的生活环境、兴建社区养老设施可以缓解日益紧张的养老保障压力等，而刻意回避可能造成的负外部影响，包括身体健康风险、生命安全威胁、生态环境危害、资产价值影响等。这些负外部性影响通常仅由邻避设施规划地周边居民承担，这就使邻避设施的政策成本分散在地方政府和企业之外。从利益集中的角度看，地方政府积极推进邻避设施项目的动机除了改善公共服务外，还包括推动经济发展和谋求政治升迁。发展型政府理论和晋升锦标赛理论认为，地方政府为了谋求政治升迁，把经济发展作为行政工作的优先项，把 GDP 作为政绩考核的主要指标，期望通过邻避设施的兴建带动区域经济的发展，故而选择与同样追求经济效益最大化的企业合谋，不遗余力地推进邻避设施建设，进而实现自身利益的最大化。

（二）利益合谋的内在动机与外部条件

利益合谋的实现需要特定的内在动机和外部条件协调配合。仅合谋双方达成合谋的意向但没有外部条件的支持，或者仅有外部条件的支持但合谋双方没有达成一致意见，均难以实现利益合谋。在邻避项目规划中，地方政府与企业

① 孟薇，孔繁斌．邻避冲突的成因分析及其治理工具选择——基于政策利益结构分布的视角[J]．江苏行政学院学报，2014(2)：119-124.

的利益合谋正是在双方的合谋意向达成一致且外部条件允许的条件下实现的。

1. 利益合谋的内在动机

公共利益的共识达成是在非公共利益的驱使下形成的。若合谋者双方谋求的非公共利益相融或一方谋求的非公共利益有益于对方谋求的非公共利益的实现，则利益合谋达成，若合谋者双方谋求的非公共利益相斥或一方谋求的公共利益有损于对方谋求的非公共利益的实现，则利益合谋无法达成。

对政府来说，推动邻避设施建设的原因主要包含两个方面：一是对公共利益的追求，期望通过兴建邻避设施解决特定的社会问题，为公众提供更优质的公共服务；二是对非公共利益的谋求，期望通过邻避设施的兴建带动区域经济增长，进而谋求自身的晋升机会。正是出于对提升经济绩效的目标考量，地方政府才有意愿与同样追求经济效益的企业达成合谋。作为理性的经济人，地方政府在为公众谋福利的同时也会关注自身的经济和政治利益，自然也会对作为政绩考核的主要指标和官员晋升主要依据的 GDP 给予足够的重视。因此，依靠有选择的产业政策推动邻避项目，依靠邻避项目的兴建带动区域经济的发展，将邻避设施设址于地理位置较为偏远、经济水平较为落后的地区，通过邻避设施的建设改善该地区的经济环境等就成为了地方政府提升经济绩效、谋求政治升迁的必然选择。如上海环境卫生工程设计院院长在论及建设垃圾焚烧厂的必要性时谈道：

> “垃圾焚烧厂需要的用地面积是垃圾卫生填埋场的 1/20-1/15，垃圾通过焚烧可减容 90%，且每吨垃圾产生的污染仅为填埋的 1/50 左右。尽管垃圾焚烧技术还需进一步改进，却是目前实现垃圾无害化、减量化、资源化处理的有效方式。”

对企业而言，推动邻避设施建设的理由主要在于两个目标的实现：一是短期经济目标，即企业通过参与邻避项目的建设和运营获得利润；二是长期发展目标，即企业通过与地方政府的合作提升自身的资源获取能力和社会影响力，进而实现企业的长足发展。市场经济背景下，普遍存在的企业竞争和难以回避的失败风险使企业意识到，受自身资源占有的限制，依靠自身的单打独斗很难实现短期经济目标和长期发展目标。因此，与其他资源拥有者建立稳定的合作关系，通过资源共享提升彼此的市场竞争力就成为企业谋求发展的重要路径，而在所有资源拥有者中，政府由于资源占有最多也最可靠，成为了企业的最理想合作者。

2. 利益合谋的外部条件

动机决定行为，环境影响结果。若合谋者的内在动机能够达成一致，外部条件就成了影响利益合谋能否达成的关键要素。在邻避项目设址和建设的过程中，对政府与企业利益合谋的达成起促进作用的外部条件主要包括信息不对称和社会监督失效两个方面。

信息不对称的决策环境促进了政府与企业利益合谋的形成。在邻避设施选址决策的过程中，合谋者对邻避设施相关信息的垄断、公众获取邻避设施相关信息能力的缺乏导致合谋者与公众之间的信息不对称，其结果是信息匮乏使公众无法有效参与到邻避项目的选址决策、监督制约的过程中，为政府与企业利益合谋的达成提供了有利条件。为了顺利推进邻避项目，地方政府通常会利用封闭式的决策，限制邻避项目相关信息流向公众，建构了一个信息不对称的决策环境。在这样的决策环境中，公众由于无法获取邻避设施的相关信息被排除在决策群体外，形成了一种政府主导、企业参与、公众不知情的决策情境。在这种情境下，地方政府和企业迅速达成利益合谋，通过资源共享扩大自身影响，通过利益合谋影响邻避设施选址决策的进程及结果，从而实现各自利益的最大化。

社会监督失效的制度运行环境保障了政府与企业利益合谋的达成。权力是一把双刃剑，只有将其关进制度的笼子里，依靠法律明文限制权力范围，通过社会监督制约权力行使，才能得到有益于国家和社会的权力运行结果。然而在具体的权力运行过程中，政府行政权力的行使往往脱离了社会监督。首先，由于监督意识薄弱，一部分公众不会积极主动地了解和关注邻避决策的制定和实施，即便这些公共政策与他们的生活息息相关。其次，受传统官本位思想的影响，深刻烙印在公众心中的“官大民小，官导民从”的观念使其不敢参与监督。最后，受权力有限、资源短缺、能力不足等现实因素的限制，公众监督权的行使难以保障和依法落实。在邻避设施建设和运营的过程中，正是由于社会监督的失效，政府行政权力的运行才能脱离了公众的视野和法律法规的限制，在社会监督和法律监管不可及之处，政府与企业达成利益合谋。

(三)利益合谋的实现策略

从过程的逻辑来看，政府与企业达成利益合谋的最终目的是为了实现各自的预期目标(对政府而言是经济发展目标和政治晋升目标，对企业而言是短期经济目标和长期发展目标)，这些目标的实现需要以合谋者策略性的行为和安排为铺垫。在邻避设施建设和运营的过程中，作为合谋双方的地方政府与企业为了实现各自预期目标，通常会利用封闭运行的决策议程安排，限制邻避设施的相关信息流向公众，从而将公众排除在决策群体之外，在公众不知情的情况下作出是否建设邻避设施、在何处建设邻避设施、由谁建设和运营邻避设施等决策。如市民 M 在论及上海江桥居民反对垃圾焚烧厂扩建事件时谈道：

> “2009 年 1 月 24 日江桥垃圾焚烧厂扩建举行听证会，年前的最后一个工作日，也是小年夜举行，很多反对扩建的居民因为回老家探望父母或忙于过年的其他事情，没能参加此次听证会。而且主办方召开此会议，只是在他们的站内公布信息(很多不上网或不知道在哪寻找信息的人不知此事)。会议地址选在环科院——距垃圾焚烧厂及居民居住地十几公里。很多年纪大的居民没办法到现场表达他们的心声，只能委托其他前往的居民：一定要把他们的心声带到会场，为了下一代坚决反对垃圾场扩建。”

由于邻避设施的选址决策程序是完全封闭的，利益相关程度最高也最可能提出反对意见的公众几乎无法获得与邻避设施相关的任何消息，更无法提出反对意见。在最主要反对群体无法参与邻避设施选址决策的情况下，邻避设施成功设址的可能性将大大增加，地方政府和企业也可以根据自己的利益诉求选定设址地点、规划项目工程，进而谋求自身利益的最大化。

第二节　政府管制型邻避冲突治理模式的现实困境

作为传统威权体制的必然结果，政府管制型邻避冲突治理模式虽然客观上提高了部分邻避设施选址规划的决策效率，有助于公共项目的落实和公共设施体系的完善。但也因其治理主体的单一性、治理方式的被动性、治理机制的强制性等内在缺陷使邻避冲突治理陷入公众参与被抑制、社会群体地位不平等、政府信任被消解等现实困境。

一、国家与地方之间：压力型体制下地方政府的“行为悖论”与责任规避

“作为公共价值的实现，绩效即政府的产出”①，它包括绩效目标的建立、目标的实施、绩效评估以及绩效结果的运用四个环节。就邻避冲突治理而言，政府的绩效目标主要包括实现经济效益和维护社会稳定两个方面。相应的，政

① 张成福．重建政府信任[J]．中国行政管理，2013(9)：7-14.

府的治理行为受到这两个目标优先程度的影响。由于压力型体制本身的特点，政府绩效管理的动力在内部传递过程中发生了扭曲和异化。面对"零指标""一票否决"等体制内绩效考核的巨大压力，地方政府在对经济效益和社会稳定的取舍中陷入困境，只能通过积极行政与消极治理并行的方式规避责任，导致地方政府邻避冲突治理的"行为悖论"。

(一)压力型体制下的地方政府行为

荣敬本在分析"县乡两级人民代表大会制度运作机制"中最早提出了"压力型体制"的概念。他认为："压力型体制指的是一级政治组织(县、乡)为了实现经济赶超，完成上级下达的各项指标，而采取的数量化任务分解的管理方式和物质化的评价体系。"①作为描绘和分析中国地方政府过程的重要概念，它不仅仅用于分析地方政府为了促进经济发展的行政行为，也广泛用于分析政府管理诸领域的问题，如社会治安、冲突治理等。在邻避冲突治理中，所谓的压力型体制是指各级政府为了实现邻避冲突的有效治理，完成上级下达的各项治理指标和治理任务，采取任务数量化分解和考核与晋升挂钩相结合的一套管理方式和评价体系。压力型体制有两个重要特征，一是任务分解，指在治理邻避冲突的过程中，上级政府为了避免基层政府的庸政懒政行为，简化绩效评价的流程，通过量化分解的方式把治理工作和治理责任逐层派给下级政府，责令其在规定的时间内完成，并根据具体的完成情况进行相应的奖励和惩处。二是"一票否决"，指上级政府在对下级政府的邻避冲突治理绩效进行考核和评价时实行一票否决，如果被考核者没有达成规定的指标或没有完成指定的事项，其治理结果不论好坏都会被否决，甚至还会受到取消评优资格、评价档次降级、评价结果直接定为不合格等惩罚。从本质上讲，压力型体制既是现代化和市场化双重压力作用于行政体制的结果，也是计划经济中动员体制的延伸，它将经济方法中的目标责任制引入政治生活，通过对政治资源的控制与分配调动基层政府的积极性，使基层政府为了获取更多的政治资源积极地参与到邻避冲突治理中。

贺雪峰在论述基层政府的治理行为时指出，地方政府的治理行为是由体制内的激励手段和约束制度共同决定的，有什么样的奖励措施，有何种制裁手段，就会塑造与之对应的地方政府治理行为。② 压力型体制下，任务分解和

① 荣敬本．县乡两级的政治体制改革：如何建立民主的合作新体制[J]．经济社会体制比较，1997(4)：17.

② 贺雪峰．论理想村级组织的制度基础[J]．政治学研究，1998(3)：65-69.

“一票否决”等考核方法的应用决定了地方政府在治理邻避冲突时的行为选择。虽然任务分解的方法在一定程度上激励了地方政府治理邻避冲突的意愿，但是“一票否决”的压力却在更大程度上束缚了地方政府治理邻避冲突的行为，二者之间的张力在“稳定是第一责任”的政治语境中被凸显。地方政府在诉求回应和邻避冲突治理中一旦出现问题就要接受责罚，体制内考核的巨大压力使地方政府的邻避冲突治理行为异化为策略性的“无作为”“慢作为”和“乱作为”。在邻避设施选址决策过程中，地方政府为了减少决策阻力，通过控制邻避信息的输出以及公众参与邻避决策的渠道、机会和程序将公众排除在决策系统之外，刻意回避公众的利益诉求，表现为“不作为”；面对公众的质疑声音，地方政府为了规避责任，采取积极行政和消极治理并行的应对策略，花费大量时间回应无效无理诉求和制造文档材料，而对直接利益相关群体合理合法的利益诉求回应缓慢，表现为“慢作为”；群体性冲突事件发生后，地方政府为了防止事态进一步扩大造成更严重的政治影响，紧急调动警察、特警等强制性机构弹压冲突行为，维持一时的、表面的社会稳定，表现为“乱治理”。

(二)责任规避：压力型体制下地方政府的策略选择

从行为动机来看，地方政府在治理邻避冲突过程中的“不作为”“慢作为”和“乱作为”是为了规避自上而下的行政责任。压力型体制下，地方政府在治理邻避冲突的过程中既要面对来自公众的复杂的、难以协调的利益诉求，也要面对来自上级政府的刚性的、以社会稳定为主要目标的行政考核。当公众和上级政府的需求目标同时传递至地方政府，地方政府将成为问题和压力的集中点。由于地方政府的邻避冲突治理能力、相关资源的占有情况与承担的邻避冲突治理责任不匹配，地方政府只能遵循“不出事逻辑”，即在邻避冲突治理中秉持“不求有功，但求无过”的行为取向，通过平衡满意率、表述规范化、做事留证据等积极行政、消极治理的策略性手段来规避自上而下的行政责任和上下两层的双重监控。① 在“不出事逻辑”的影响下，这种“重指标而轻使命”的邻避冲突治理行为是一种既不治标也不治本的治理行为。一方面，“不出事逻辑”追求的是表面的、一时的社会稳定，故而通过封闭决策、消极回应等方式向公众隐瞒邻避决策的相关信息、阻碍公众的利益诉求表达，以为只要不让公众知情，就能静悄悄地实现邻避设施的选址和落地。如市民 J 在论及上海居民

① 雷望红．被围困的社会：国家基层治理中主体互动与服务异化——来自江苏省 N 市 L 区 12345 政府热线的乡村实践经验[J]．公共管理学报，2018(2)：42-55.

反对磁悬浮交通工程事件时谈道：

> “公示对象是谁他们也不明确。这是一个涉及广大居民的方案，却在一个一般人并不会去注意的网站悄悄进行‘公示’。他们对这一带的地理情况也不了解。一个明显的例子是，他们用的地图是很久以前的。之所以能一眼看出来，是因为淀浦龙淀桥是2003年1月开通的，建设时间则更长。而他们所用的Google Eearth上没有这个桥。因为地图不清楚，老百姓根本辨别不出自己到底与磁悬浮离得有多远，所以应该延长公示期，对可能影响到的居民广泛告之，然后召开听证会。但现在的听证会规定对居民非常不利，因为是由建设单位和研究机构来挑选谁可以参加。”

但事实证明这种方式是行不通的，一旦公众发现自己被隐瞒就会激起更加激烈的反抗。另一方面，“不出事逻辑”缺乏对邻避冲突事件的本质及其原因的深入思考，更多的是采取为决策辩护、强力压制等“盖”和“捂”的方式应对表面的冲突现象，而没有从根本上改变引发邻避冲突的制度环境，从而导致邻避冲突频繁发生。

从行为结果来看，地方政府在邻避冲突治理中策略性的责任规避行为导致了中央政府与地方政府间的差序政府信任和地方政府邻避冲突治理困境。差序政府信任是指公众对中央政府的信任水平高于对地方政府的信任水平。在差序政府信任的语境下，公众倾向于认为中央政府是开明的、代表公众利益的，而地方政府是自私的、可能会为了实现经济或政治目标而牺牲公众利益。① 在邻避冲突治理的过程中，地方政府是邻避冲突治理的责任人，同时也是上级政府行政命令的执行者，地方政府邻避冲突治理行为有上级行政命令的原因，但其产生的后果却完全由地方政府承担，以至于公众普遍认为中央政府制定了好的政策而基层在执行的过程中由于种种原因出现了偏差，造成中央政府与地方政府间差序政府信任的出现。从目前地方政府邻避冲突治理的实践状况来看，地方政府难以协调公众日益复杂的利益诉求以及整体社会效益与个体公民利益之间的矛盾。同时上级政府利用任务分解、“一票否决”等手段向地方政府施加行政压力，迫使地方政府采取有力措施以尽快恢复社会秩序的表面稳定，而忽视了邻避冲突的实质性治理，地方政府在邻避冲突治理过

---

① 吕书鹏．差序政府信任：概念、现状及成因——基于三次全国调查数据的实证研究[J]．学海，2015(4)：148-157.

程中采取的策略性责任规避行为弱化了治理的合法性和有效性，使邻避冲突治理陷入困境。

(三)压力型体制下地方政府管制行为的民主困境

在公民权利得到一定维护和保障的基础上，阶层分化、利益群体的发展、公私利益冲突成为新的社会现象。“在此背景下，当代民主的重要使命在于平衡不同利益并在此基础上找到并实现公共利益，而不再仅仅局限于个人权利保护。”①民主政治发展的变化决定了政府在邻避冲突治理中不仅要积极回应公众的利益诉求，还要平衡好各种利益关系，在化解公私利益冲突的基础上，实现公共利益的最大化。压力性体制下地方政府的管制行为虽然客观上提高了部分邻避设施选址规划的决策效率，有助于公共项目的落实和公共设施体系的完善，但缺少民主的治理却会伤害公共利益，从而使邻避冲突治理陷入民主困境，具体表现为以下几点。

一是政府邻避冲突治理权力的异化。权力具有垄断性和自我膨胀性，当权力缺乏制衡时必然出现异化状态。政府管制型邻避冲突治理意味着政府在邻避冲突治理中处于垄断地位，采取信息封锁、封闭式决策、强制执行等手段主导邻避冲突治理过程，而公众、社会组织、媒体等无法监督与制约政府权力的行使，使公共权力缺乏“社会的制衡”。② 邻避冲突治理权力的集中，为政府寻租和利益共谋创造了条件，政府通过构建一个信息不对称的决策环境，与企业形成利益共同体，通过资源共享和利益合谋影响邻避设施选址决策的进程及结果，实现各自利益的最大化。

二是政府和官僚的责任缺失。民选政治下的政府与公民之间是一种契约性的权责关系，政府在治理过程中要向人民负责并接受监督。政府责任除了必要的法律责任(即在治理时遵守宪法和法律)、官僚及专业责任(和公务员的职业身份相关，要求负责任使用裁量权)之外，还包括社区价值、政治规范、职业道德与公民利益等。③ 随着官僚制的扩张，政府的权力不断扩大，而责任没有相应增加，尤其在管制型邻避冲突治理模式下，政府是单一的治理主体，主导冲突治理的过程，政府对公民参与的排斥和对公民利益的漠

① 赵成根．民主与公共决策研究[M]．哈尔滨：黑龙江人民出版社，2000：27.

② [美]罗伯特·达尔．论民主[M]．黎思复，黎廷弼，译．北京：商务印书馆，1999：93.

③ 陆聂海．治理民主：内在机理、表现维度和实现基础[J]．海南大学学报(人文社会科学版)，2019(3)：41.

视，进一步加剧了政府权责的不匹配，从而不能有效地实现其应有的责任。而民主治理强调对公众邻避诉求及其偏好负责，通过公民赋权、协商合作等方式强化政府邻避冲突治理责任，这将成为破解邻避冲突管制困境的必然选择。

三是对公众邻避诉求的制度化回应缺位。回应性是民主政治最重要的属性之一。在行政国家时代，政府是公众邻避诉求的直接回应者，这要求政府以社会公正为基础，听取并吸纳公众关于邻避设施建设的意见和诉求，尤其是积极回应在经济和社会资源上处于劣势地位的弱势群体的诉求。在政府管制型邻避冲突治理模式下，政府将公众及社会团体排除在邻避决策主体之外。由于缺乏制度化的表达渠道，公众对邻避设施建设的意见和诉求无法有效吸纳至决策系统，并对决策结果产生影响。导致公众以激进的形式发泄累积的不满情绪。政府部门“回应短板”的存在，既有观念上的误区，也有制度上的缺位，具体体现在邻避信息公开的标准、频次、内容、方式等有待细化，政府回应的约束、反馈和问责机制也不健全，这反映了政府对公众邻避诉求的回应尚未从制度上形成刚性动力，使邻避冲突治理的共识性正义价值得难以实现。如市民 K 在论及上海居民反对磁悬浮交通工程事件时谈道：

> “上海关于磁悬浮的两则公示，被分别挂在了上海市规划局的官方网站，以及由国家环保总局和上海市环保局联合开办的‘上海环境热线’网站上，公示时间均为两周左右。如此重大的建设工程，只通过两个不太为公众熟知的网站公示，显得有点‘司马昭之心’”。

二、利益与伦理之间：被消解的环境正义

在现代风险社会中，社会分配的对象不再仅仅是物质财富等利益内容，风险本身也成为重要的分配对象。随着城镇化的高速推进和现代科技的泛生活化，邻避风险开始成为一种重要的风险类型，邻避设施选址的过程实际上就是执掌公共权力的政府对邻避设施的效益和风险进行分配的过程。管制型邻避冲突治理模式下，邻避设施的选址往往遵循“最小抵抗路径”的原则，避开经济较发达、公众权利意识较强、可能表现出较强抗争性的区域，选择在经济较落后、公众权利意识较差、可能表现出弱抗争性或无抗争性的区域建设邻避设施，这种将邻避风险分配给特定群体的行为明显背离了环境正义的基本主张——“所有的主体在环境资源、机会的使用和环境风险的分配上一律平等，

享有同等的权利，担负同等的义务”。①

(一)邻避设施风险分配中的环境不正义

政府管制型邻避冲突治理模式下，邻避项目选址规划的过程从本质上来说是地方政府在不同利益群体间对邻避设施的效益和风险进行分配和安排的过程，其结果是一种基于地理—社会分布的风险分配不正义。通过对典型案例的考察发现，由地方政府分配邻避风险引发的环境正义问题主要涉及以下三个方面：参与主体间的风险分布不均衡、风险分配的决策程序不透明、空间生产与重构的不正义。

1. 参与主体间的风险分布不均衡

政府管制型邻避冲突治理模式下，垄断公共权力的政府成为治理邻避冲突的单一主体，作为直接利益相关者的公众则被物化为被动治理的对象，不同参与主体之间权力配置不合理造成风险分布的失衡。邻避设施风险分布不均衡主要表现在以下三个方面：其一，风险定义者与风险承担者的不对等。在邻避设施的选址过程中，作为邻避风险定义者的政府往往不承担邻避风险的直接后果，而直接承担邻避风险后果的公众却往往由于各种主观或客观的原因无法参与到邻避风险的评定和分配的过程之中。其二，“风险—利益”分配对象的不对等，正如贝克所言，“风险分配的历史表明，像财富一样，风险是附着在阶级模式上的，只不过以颠倒的方式：财富在上层聚集，而风险在下层聚集”。②如：市民 W 和市民 Z 在论及上海松江居民反对垃圾焚烧厂事件时谈道：

> “建设那么大一个焚烧厂，未来要烧掉大半个城市的垃圾，为什么要建在我们这儿呢，这就应该建在无人居住的偏远郊区吧，谁要是支持建垃圾焚烧厂就建在他们家旁边，看他还建不建了。”
>
> “垃圾焚烧厂不应该建设在居民聚集区，希望有关政府要考虑环境污染对人体健康造成的伤害，不要等了真出了事情才来解决，已经晚了。”

政府管制型邻避冲突治理模式下的邻避风险分配事实上推动了社会效益的上层聚集和邻避风险的下层沉淀，邻避设施的选址往往会避开经济较发达、公众权利意识较强、可能表现出较强抗争性的地区，而选择经济较落后、公众权

---

① 洪大用，龚文娟．环境公正研究的理论与方法述评［J］．中国人民大学学报，2008（6）：70-79.

② ［德］乌尔里希·贝克．风险社会［M］．何博闻，译．江苏：译林出版社，2004：36.

力意识较差、可能表现出弱抗争性或无抗争性的地区。其三，风险承担与风险补偿的不对等，在邻避冲突治理的过程中引入补偿机制是合理的也是必然的。但是在实际操作中，受政府财政能力、政策法规、损失计算方法的科学性、非直接利益相关者的搭便车行为等因素的综合影响，真正承担邻避设施风险的公众往往难以获得与之对等的风险补偿。

2. 风险分配的决策程序不透明

"正义不仅要到实现，而且要以人们看得见的方式实现。"风险分配环境中正义的实现必然要求风险分配的决策程序是正义的，必然要求政府按照合理合法的规则程序进行邻避设施的选址决策，并在此过程中充分尊重公众的知情权、参与权、监督权等程序性权利。政府管制型邻避冲突治理模式下，由封闭运行的选址决策流程导致的多元利益主体间权力与责任的不对等是风险分配不正义的重要体现。在邻避项目选址决策过程中，地方政府、邻避设施建设单位、相关领域的专家由于掌握着法定权力、经济资源与智力资本，表现出较强的参与风险分配的能力，而作为直接利益相关者的公众则由于参与风险分配的能力较弱被排除在决策群体之外，往往只能在项目设址公示、环评公示之后才能了解到邻避设施的相关信息。根据《环境影响评价法》，事前公开项目规划、公示环评报告、设置公众参与渠道、设立专门小组为公众答疑解惑等，都是邻避项目选址决策的程序性要求。而在实践中，封闭式的选址决策程序恰恰是对公众知情权、参与权、监督权的漠视，这种决策主体间缺少平等对话的议程安排和单向的、告知式的程序设定，剥夺了公众参与邻避设施风险分配的权利，使邻避项目的规划和建设陷入环境不正义的困局。

3. 空间生产与重构的不正义

反思邻避设施选址过程，邻避设施的选址体现了空间规划属性，是对公众的生活空间进行的生产和重构的过程。① 由于邻避设施同时具有正外部性和负外部性的双重属性，在邻避设施建设和运营的过程中，作为生产者的地方政府和企业没有承担全部成本，作为消费者的全体社会亦没有承担全部代价，整体社会对邻避设施的消费威胁到了邻避设施周边居民的福利，造成了空间资源分配的不公。再加上规划与执行过程中可能出现的种种问题，邻避设施的设址结果往往是与理想状态下均衡的利益分配和风险承担相悖的。尤其在城乡二元分化的社会结构下，邻避设施在选址决策上要想实现风险分配的空间正义就更加

① 刘晶晶．空间正义视角下的邻避设施选址困境与出路[J]．领导科学，2013(1)：20-24.

困难。从现实来看，邻避冲突似乎更多发生于经济较为发达、位置更靠近中心城市的地区，但这并不意味着邻避项目会更多落址于经济较为发达的中心城镇。因为在经济较发达的中心城镇，居民拥有更强的权利意识和自我保护意识，更容易对邻避设施的建设产生抗拒情绪和抗争行为。基于邻避设施的负外部性特征，地方政府在选址决策时通常会将邻避项目设址于居民抵抗程度最小、所需赔偿额度最低的经济较落后地区或位置较偏远地区，即遵从所谓“最小抵抗路径”的原则。① 该原则从空间规划的角度看虽然存在一定的合理性，却忽略了社会公平问题，将邻避风险更多地分配给经济较为落后、位置较为偏远的地区承担，违反了平等互惠原则，侵害了当地居民的合法权益，造成了邻避设施风险分配的不正义。

(二)政府管制型邻避冲突治理模式下环境正义消解的原因

通过对典型邻避冲突案例的归纳分析，由邻避设施的兴建引发的环境正义问题与公共权力的运行相关，突出表现在管制型治理对公民环境权的漠视、管制型治理对公民环境利益的不合理补偿两个方面。

1. 管制型治理对公民环境权的漠视

公民环境权是指“公民享有在良好环境中生存和生活的权利，包括对良好环境的享有权和对环境使用的知情权、参与权、监督权等”。② 环境正义的实现要求政府在法律上认可公民对良好环境的享有权以及对环境使用的知情权、参与权和监督权，通过规章制度规范公民对环境使用参与权、监督权的行使路径。从我国当前邻避冲突的治理现状来看，管制型治理对公民环境权的漠视是导致环境正义消解的重要原因。其一，管制型治理模式忽视了公民对环境使用的知情权。在邻避设施选址决策的过程中，掌握着邻避决策法定权力的政府将公众视为邻避决策实施的阻碍因素，故而选择性地绕开民主决策程序，直接采纳相关领域专家的意见进行选址决策，直到环评公示时才静悄悄地公开部分可读性较差的信息，忽视了公民的知情权。其二，管制型治理模式侵犯了公民对环境使用的参与权。在邻避冲突发生和演化的过程中，公众被排除在邻避决策系统之外，其利益诉求的表达、合法权益的维护无法得到政府的积极回应，其寻求决策参与的行为甚至被政府归入社会不稳定因素而严加控制，公民对环境使用的参与权无从落实。

---

① 姚德超，刘筱红．邻避现象及其治理[J]．城市问题，2014(4)：2-8.

② 刘海龙．邻避冲突的生成与化解：环境正义的视角[J]．吉首大学学报(社会科学版)，2018(3)：56-63.

2. 管制型治理对公民环境利益的不合理补偿

管制型邻避冲突治理模式下环境正义困局是公共权力过度介入的必然结果。风险分配过程中公共权力的过度介入，导致经济较落后区域成为“被牺牲区域”。而补偿过程中公共权力的过度介入，导致利益补偿未能发挥应有的作用，反而成为激化矛盾的导火索。从当前政府管制型邻避冲突治理模式的实践情况来看，公共权力过度介入导致的公民环境利益的不合理补偿主要表现为以下两个方面：一是补偿内容不全面，良好的环境不仅有经济价值，还有文化价值、生态价值等多重价值。邻避设施的兴建除了可能对环境的经济价值造成影响，还可能影响到环境的文化价值和生态价值。但管制型治理对公民环境利益的补偿在实际操作的过程中往往只涉及对环境经济价值的补偿，忽略了对环境的生态价值和文化价值的补偿。经济补偿虽然能在一定程度上疏解居民的邻避情结，但是受挤出效应、贿赂效应的影响，单一经济性补偿不但不能在根本上解决问题，反而会强化公众的抵触情绪。二是补偿数额不合理，管制型邻避冲突治理模式下，作为直接利益相关者的公众无法直接参与利益补偿数额的确定，也无法表达关于利益补偿数额的诉求，只能被动接受政府制定的补偿方案。

（三）地位不平等困境：环境正义消解带来的不良后果

近年来，在政府管制型邻避冲突治理模式下，邻避设施的负外部性影响更多地被分配给了经济落后的群体和区域，从而导致环境质量的区域性差异，以及社会群体地位不平等加剧等不良后果。

1. 环境质量的区域性差异加剧

由于技术和制度的缺陷，邻避设施在产生整体社会效益的同时，因其技术和工程属性、规模和与周边社区的空间关系，给周边环境和社区带来了不以意志为转移的真实的工程风险。① 具体包括环境风险、经济风险和名誉损失风险三种形态。就环境风险而言，部分邻避设施的兴建和运行会对周边地区的生态环境造成一定程度的破坏，如 PX 项目、污水处理厂、垃圾焚烧厂等。这些邻避设施虽然在设址之前通过了环境评估，但是在运营过程中排放的污水、废气、废渣等仍然会给周边环境以及公众的身体健康造成一定程度的损害。在管制型邻避冲突治理模式下，政府通过公共权力的强势介入将邻避设施安排在公众环境权益维护意识较差、可能表现出弱抗争性或无抗争性的经济水平落后地

① 侯光辉，王元地．“邻避风险链”：邻避危机演化的一个风险解释框架[J]．公共行政评论，2015(1)：4-25.

区，同时也将邻避设施的负外部性分配给经济水平落后的地区承担。这种局部区域的环境不公正结果导致邻避设施不断向经济落后的地区聚集，同时也使邻避设施建设运营过程中可能产生的空气污染、水源污染、噪声污染等环境破坏，以及由此引发的对公众健康威胁向经济发展落后地区聚集，造成了不同区域间环境质量差异的形成和加剧。

2. 社会群体地位不平等

政府管制型邻避冲突治理模式下，邻避设施环境风险分配的不正义表现为强势群体凭借其在政治、经济等方面的优势地位对弱势群体的土地使用权及土地使用方式进行强制性干预。更为严重的是，弱势群体急于改变其贫穷状况，经济利益的考虑成为他们接受各种半强迫式的“环境殖民”的利益动机。当环境风险的不均衡分布成为一种制度时，就会持续作用于当前社会的阶层结构，使经济较落后区域固化为邻避风险的承担者、弱势群体将遭受比其他群体更严重的环境风险。而对于贫穷地区和弱势群体来说，邻避设施设址带来的环境破坏和健康危害，往往会强化地区差异和社会群体之间的不平等，使他们长期处于弱势地位。由此发现，政府管制型邻避冲突治理模式是影响环境不平等的重要传导机制，由于社会经济地位不同的人规避环境风险的能力不同，邻避设施风险分配不正义已成为当前社会不平等的新来源。

英国理论家布莱恩巴里曾提出，任何正义理论的核心问题都是对于人与人之间不平等关系的辩护。故此，平等原则是社会政治以及经济领域最基本的分配原则。然而，政府和市场都有可能做出一种“理性选择”，也就是说弱势群体缺乏政治影响力和资源动员能力，越有可能成为邻避风险的承担者。而长期处于邻避设施的环境风险中，这不仅会危害当地居民的健康，破坏当地的生态环境，同时对于特定群体的公民权也会造成严重的危害。由于风险分配的不正义，致使居住地社区陷入一种极其恶劣的贫困基因中，不仅使得弱势群体成为环境污染的最易受害者，这些地区也逐渐成为资本和政府双向抛弃的罪恶之地。①

社会阶层的固化和社会群体的不平等地位对社会稳定构成了挑战。精英集团通过结盟对公共政策和公共舆论施加影响，而弱势群体由于在政治架构中缺乏利益代表，只能寻找体制外的途径，采取集会游行、静坐请愿等形式提出诉求，寻求对话。正所谓当“正确的利益渠道表达可能是由富人掌握时，穷人要

① ［印度］阿玛蒂亚·森．贫困与饥荒——论权利与剥夺［M］．王宇，王文玉，译．北京：商务印书馆，2001：79.

么是保持沉默，要么是时而采取暴力的或激进的手段来使人们听到他们的呼声”。① 邻避冲突的爆发反映了群体之间的心理隔阂和情绪对立，加剧了政府和公众之间的矛盾，使社会始终处于紧张的张力状态，严重威胁到和谐稳定的社会秩序。

三、权力与公众之间：被抑制的公众参与

（一）政府与公众之间的权力关系

“人生而自由，却无往不在枷锁之中。”②在政治参与的过程中，每个公民都应享有同等的权力和自由，但由于不同个体在参与机会、资源占有、参与能力等方面的差异，往往无法实现政治参与的平等和自由。只有每个公民同等地放弃全部或部分天然自由，通过选举的方式将其转让给政府，并赋予政府以实现公众意志的公权力，才能确保每个公民能够平等、自由地参与政治。在这个过程中，政府与公众之间权力的作用方向是“公民→政府”，作为权力主体的公民通过选举来实践自身的民主权力，选举产生的政府在获得公民赋予的公权力的同时也接受了实现公众意志的责任。政府作为公权力的行使者，在取得合法性的同时也被赋予了有限的、被限制在一定范围之内的强制性和权威性，它们使政府成为具有排他性的权力主体，通过制定和执行公共政策实现其对政治、经济、文化、社会的治理职能，为公民参与政治营造公平、自由的环境和氛围，而在这一过程中，政府与公众之间权力的作用方向是“政府→公民”。

在管制型邻避冲突治理模式下，公民通过选举赋予政府提供公共服务和冲突治理的公权力，权力的作用方向是“公民→政府”。政府作为公权力的行使者，主导邻避设施选址决策和邻避冲突治理的全过程，运用行政手段对公众参与行为进行控制，严重侵犯了公众的知情权、参与权和监督权，影响了公众在邻避冲突治理中的权力行使。邻避冲突治理中的权力关系在纵向上表现在政府作为公共利益的代表，对分散的、相互冲突的个体利益形成钳制；在横向上表现为立法权和司法权对行政权没有形成结构性制衡，导致政府行政权力的过度扩张。

从纵向上看，邻避冲突治理的权力虽然来自公众的授权，但邻避设施的选址决策和邻避冲突的治理过程却完全受政府主导和控制，治理机制的运作依然

① 程浩，黄卫平，汪永成．中国社会利益集团研究[J]．战略与管理，2003(4)：63-74.

② [法]卢梭．社会契约论[M]．北京：中国广播电视出版社，2015(11)：2.

靠自上而下的集权式和官僚式命令传递机制来维持，体现的是不同层级和不同部门围绕职权和资源的互动。上级政府通过资源供给、监督制度制约下级政府，并分派治理任务，下级政府为了获取资源、谋求晋升机会，追求决策效率和一时的、表面的社会稳定。在这种纵向的、金字塔型的行政层级下，公众虽然拥有参与决策的法定权力，但同时更受制于政府过于宽泛的行政权力①，如市民 C 在论及上海居民反对磁悬浮交通工程事件时谈道：

“目前的环评方案从法律上来讲，确实是没有问题的。但是老百姓不可能接受这样将自己不当作主体的评估方式。”

可见，公众往往被排斥在决策系统之外成为被动接受治理的对象。从横向上看，政府的行政权力占据核心位置，由于立法机关没有关于行政权力和政府行为界限的明确规定，司法的保守性和滞后性也使行政相对人得不到合理的救济，政府机关的行政权力在无有效制约的情况下扩张。在政府强力管制下，公众的参与意愿很难得到政府的积极回应，公众参与行为也在行政权力的扩张趋势下被严密控制。

（二）参与性困境：政府对公众参与的抑制

在管制型邻避冲突治理模式下，政府通过控制邻避信息输出以及公众参与邻避决策的渠道、机会、程序、结果，抑制公民参与，使公众成为邻避冲突治理的对象。

1. 政府控制邻避信息的输出

在管制型邻避冲突治理模式下，政府是邻避设施设址相关信息的掌控者。为了提高决策效率、减少决策阻力、实现邻避项目的快速推进，政府往往采取刻意隐瞒、无效公开、舆论控制等方式严控邻避设施设址相关信息的输出。在选址决策过程中，政府采用封闭式决策方式，刻意隐瞒邻避设施的选址、运营及可能造成的危害等相关信息；在环评公示的过程中，为了减少决策阻力，政府通常选择在公众不常光顾的地方“静悄悄地公开”经过筛选的可读性差、复杂难懂的项目相关信息；面对公众的质疑和舆论的持续发酵，政府一方面有意回避邻避设施的负外部性影响，另一方面采用删帖、屏蔽等方式控制公共舆论，通过灌输式的宣传教育片面强调邻避项目的社会价值。

① 何艳玲．从“管制”到“平衡”——政府与公众理想关系模式的构建及其制度化[J]．学海，2003(5)：96-104.

2. 政府控制公众参与邻避决策的渠道和机会

根据《环境保护法》《环境影响评价法》等相关法律法规的规定，公众有权从政府部门获取邻避项目相关信息并参与邻避决策，但在管制型邻避冲突治理模式下，邻避设施的选址决策是在政府的主导下进行的，为了避免“无知”和“非理性”的公众影响邻避项目的顺利推进，政府通常会严格控制公众参与邻避决策的渠道和机会。一方面，政府虽然承认公众享有参与权，在项目设址公示等政策性文件中反复强调“充分征求和尊重公众的意见和建议”“如有异议，可在公示期内反映”，但在实践过程中却对公众的意见和质疑置之不理、答非所问，阻断公众参与邻避治理的制度内渠道；另一方面，政府掌握着发起公众参与邻避决策、挑选决策参与者等关键性权力，可以策略性地排除或纳入特定的利益群体①，这种被操纵的“公众参与”表面上取得了民意的支持，实际上却剥夺了直接利益相关者参与邻避决策的权力。

3. 政府控制公众参与邻避决策的程序

程序正义是结果正义的必要前提，结果正义是程序正义的理想归宿。在邻避决策过程中，只有遵循民主、科学的原则，充分考虑直接利益相关者的利益得失，认真倾听公众的利益诉求，才能实现邻避决策的结果被公众接受和认可。然而，在管制型治理模式下，尽管有时会加入专家咨询的环节，但邻避决策对于广大公众依旧是封闭的。邻避决策的公众参与是一种被政府操控的、形式化的公众参与。虽然各地的“环评”“稳评”文件都规定将公众意见纳入评估报告，但对公众怎么参与决策、政府如何收集公众的意见和建议、怎样判定公众提出的意见和建议是否合理等细节性问题都鲜有提及，程序性规则的缺位将导致行政权力的越位。在行政权力的控制下，公众参与变异为一种过分重视参与形式而忽视参与实质的格式化流程，其结果是参与程序缺乏弹性、公开不足，地方政府在治理实践中意图按程序尽快走完程序，忽略了与公众的深入互动和反馈。

4. 政府控制公众参与邻避决策的结果

发展型政府和晋升锦标赛理论认为，经济发展和政治前途是驱动地方政府不顾公众的质疑和反对，强力推进邻避项目的主要利益动机。在这一利益动机的驱使下，吸纳公众参与邻避决策的目的并非为公众提供利益诉求表达的平台，而是作为政府说服公众，让公众认可和接受邻避项目的一种手段。这就注

① 张乐，童星．重大决策社会稳定风险评估的优化路径：公众参与环节的再思考［J］．广州大学学报，2016(10)：18-27.

定了公众参与邻避决策的方式主要是被动的灌输式教育而非主动地参与式协商，公众参与邻避决策的结果止步于利益诉求的表达而非合法权益的实现。简言之，管制型邻避冲突治理模式下，公众参与邻避决策的结果是受政府控制的，与公众是否参与决策、如何参与决策无关。

在政府管制型邻避冲突治理模式下，邻避现象被贴上负面的标签，被视作影响社会稳定的负面事件。对邻避现象的负面认定与长期以来形成的以政治权力的排他性和封闭性为基础的稳控思维有着紧密的联系。在中国的政治生态中，维护社会稳定是各级地方政府压倒一切的政治责任。在自上而下的政治压力作用下，地方政府采取简单化和绝对化的社会管治方式，借助于其所能整合的多种资源和各方力量，以封闭式决策推动邻避设施建设；以教育、劝说的方式单向传递邻避设施建设的相关信息；以强制执行或强力弹压的方式回应公众邻避诉求；只有在邻避抗争者大规模集会和强烈抗议时，才采取听证、协商的方式与公众对话。公众参与被抑制是“邻避管控”的必然结果，并引发一系列严重的问题：(1)风险感知的扩大化。不同行为主体由于知识结构、信息获取量、生活背景不同，对邻避风险的感知也不相同。如市民 D 在论及上海居民反对磁悬浮交通工程事件时谈道：

> “地球磁场是永磁场，磁悬浮的磁场是交变磁场，环评报告说建成后电磁影响‘基本与地球磁场相似’是不严谨的。这个细节影响了大家对环评报告的信任度。环评报告说某些路段‘基本’暗埋，‘基本’怎么理解？磁浮在河边暗埋，脚下 2 米就是 200 公里时速的列车，怎么能保证足够安全？”

由于公众普遍专业知识欠缺、获取信息不足，事件而又与自身的利益相关度高，往往基于生活经验，主观评判邻避风险的大小，对邻避风险的感知常常是夸大的。在这种情形下，如果政府依然控制邻避信息的输出、限制公众参与邻避决策，公众只能获取小道消息、谣言等被夸大，甚至虚假的信息，形成了公众对邻避设施“妖魔化”的认知。(2)官民矛盾的激化。管制型邻避冲突治理模式下，封闭性决策拉长了对话的“孤立”阶段，加重了政府与公众间的信息不对称，为之后的冲突埋下隐患。政府对公众参与的抑制使公众只能通过静坐、“散步”、示威等非理性方式倒逼政府对其利益诉求作出回应，导致双方矛盾进一步激化。

四、政府与社会之间：政府信任的危机

“政府信任是公众在期望与认知之间对政府治理行为和治理成果的一种心理认同和评价态度”①，是作为评价主体的公众与作为行为主体的政府在交往互动过程中产生的心理预期、理性认知等主观因素相互作用的结果，其实质是公众对政府的信赖、期望与托付。政府信任危机是邻避冲突升级扩大的重要原因，也是管制型邻避冲突治理模式的现实困境。

（一）政府信任消解背景下的公众行为调适

从演进逻辑看，邻避冲突并非直线升级为大规模的群体性事件，而是随着政府信任的流失呈现出螺旋式的发展趋势。在邻避冲突演化、升级的过程中，公众不断根据地方政府的治理行为修正信任预期、调适行为选择。随着政府信任的流失，公众的邻避抗争行为从个体理性抗议到集体理性抗议，再到群体非理性抗议转变。

在邻避冲突的酝酿阶段，政府的治理行为主要表现为封闭的选址决策、无效的信息公开、有限的公众参与等。这一系列的治理行为导致公众与政府之间信息严重失衡，引发公众对邻避项目的质疑。此时，公众对政府的信赖、期望与支持度都较高，相信政府有能力也有意愿积极回应公众的利益诉求，故而以个体的、理性的方式通过制度内渠道表达意见。在邻避冲突的爆发阶段，政府的治理行为主要表现为消极应对公众通过制度内渠道提出的意见，加强信息封锁和掩盖决策真相，这一系列的治理行为直接导致矛盾升级和事态激化，公众对政府的信任逐步消解，于是采取更具威胁性的行动措施来维护自身的合法权益，此时他们仍然是克制的、不失理性的；在邻避冲突的升级阶段，政府的治理行为主要表现为为决策辩护、与公众谈判、强制弹压抗争行为等，这一系列的治理行为进一步激化了公众与政府之间的矛盾，导致政府信任急剧流失。此时公众的关注焦点不再是个人环境权益的维护，而是政府治理行为的正当性与合法性，故而通过群体非理性抗议表达强烈不满。

（二）管制型冲突治理模式下政府信任流失的原因分析

政府管制型邻避冲突治理表现为隐蔽决策、消极回应、强制弹压、政策妥协的被动的线性化治理路径。在这一过程中，政府和公众之间信息失衡、回应失灵，以及政府的强制弹压、政策妥协行为导致公众对政府邻避冲突治理作出

---

① 王玉良．缺失与构建：公共冲突视域下的政府信任探析［J］．中国行政管理，2015（1）：11-15.

不可信任的评价，引发政府信任的危机。

1. 信息失衡引发项目质疑

在政府管制型邻避冲突治理模式下，邻避项目设址决策由政府或由政府、专家、企业等共同组成的决策团体隐蔽作出，公众对项目信息、决策依据等信息知之甚少。在信息严重失衡的情况下，那些被夸大甚至虚假的信息在规划地周边通过熟人关系构建的非正式网络广泛传播①，进而引发公众对邻避项目的质疑和对政府的不信任。面对“不可信任的政府”，公众选择自发地组织起来通过集体抗争行动表达强烈不满。

2. 回应失灵导致情感受挫

随着相关信息的披露，公众感知到邻避设施建设可能带来的生命安全或资产价值风险，于是自发地组织起来通过信访、市民服务热线等制度内渠道表达利益诉求，以期得到政府的积极回应。然而，在政府管制型邻避冲突治理模式下，政府不但未能及时将邻避项目的设置规划、建设方案、科学性与合理性等问题向公众充分说明，还采取删帖、监控等方式屏蔽相关敏感信息，强势推进风险认知的正面建构。面对公众关于邻避项目的询问和质疑，政府避重就轻、避实就虚的消极回应侵犯了公众的权益，导致矛盾的进一步加深和社会不满的集聚，公众因感知不到政府的重视与关切而情感受挫，对政府行为作出不信任的评价。如市民 X 在论及上海松江居民反对垃圾焚烧厂事件时谈道：

“我不会去参加听证会，因为我知道无论我们去不去，行政许可都会通过。后面的事实也确实是这样，事情过去好多年了，还好我们坚持出结果了。前两年的爆炸你知不知道，他们(设施建设方)确实是有问题的。”

3. 强制弹压激化官民矛盾

政府在邻避冲突治理过程中的行为选择是否符合法律规范、道德标准以及被广泛认同的社会价值，都直接影响着公众对政府的信任评价。② 面对将公众知情权、参与权、监督权置之不顾的地方政府，公众采取集会、“散步”、游行等方式表达不满情绪，倒逼政府作出回应。在公众与政府之间的矛盾随时可能进一步激化，集体理性抗议随时可能演化为群体非理性冲突的关键节点，政

① 辛方坤．邻避风险社会放大过程中的政府信任：从流失到重构[J]．中国行政管理，2018(8)：128.

② 张成福，边晓慧．重建政府信任[J]．中国行政管理，2013(9)：7-14.

府为了维护表面的社会稳定，采取高压手段强制处置和弹压抗争群体，造成了官民群际分隔的完全对立。

4. 政策妥协强化制度不信任

制度不信任是一种理性的不信任，是公众基于公共理性对政府治理行为、治理绩效、公共属性的判断。公众对政府的制度不信任主要表现为：质疑政府能否维护公共利益，质疑公共政策的制定和执行是否公平公正等。如媒体人 N 在分析上海金山反对 PX 项目的社会舆论动态时表示：

> "超过 32%的网友曾明确表示反对在金山建设 PX 项目；超过 20%的网友质疑政府偷换 PX 项目概念；超过 17%的网友质疑政府环保不力；超过 14%的网友吐槽上海环境污染问题；9%的网友呼吁理性表达诉求，不传谣不造谣；只有 5%的网友表示相信政府会做出合理决策。"

在政府管制型邻避冲突治理模式下，邻避冲突往往以政府的政策妥协收尾。面对一触即发的群体非理性冲突，妥协是一种务实的选择，但由于无法从根本上消解冲突，公众对政府冲突治理制度的不信任进一步强化。一方面，当政府无法有效应对邻避冲突而选择通过政策妥协的方式寻求表面稳定时，公众就会作出政府治理能力不足的评价，导致政府信任的流失；另一方面，邻避项目宣布取消，虽然顺应了民意，但城镇化进程中重要公共项目供给问题仍未解决，政府职能实现受到挑战。此外，政府单方面撤销与邻避设施建设方的合作将损害政府的契约精神，影响了投资者对政府的信任关系，引发社区名誉扫地、投资者逃逸等涟漪效应。①

（二）政府信任危机的深层困境

1. 社会矛盾的进一步激化

由邻避设施成本效益分布不均衡引发的矛盾是邻避冲突的起因，而政府治理行为的不公正、不规范、不到位将导致邻避冲突事态进一步激化。在邻避设施建设和运营的过程中，整体社会对邻避设施的消费威胁到了邻避设施周边居民的福利水平，不同群体间成本效益分布的不均衡将导致邻避设施周边民众产生强烈的相对剥夺感，引发了公民个体利益与社会整体利益之间的矛盾。在管

① 辛方坤．邻避风险社会放大过程中的政府信任：从流失到重构[J]．中国行政管理，2018(8)：129.

制型邻避冲突治理模式下，政府总是试图以“一成不变的承诺”①或“有组织的不负责任”②来应对公众的焦虑情绪与利益诉求表达，其结果是政府信任逐渐流失。当政府信任的消解演变为持续性和系统性的信任危机时，将导致社会矛盾的复杂化。

2.“塔西佗陷阱”的形成

“塔西佗陷阱”得名于古罗马时代的历史学家塔西佗，意指执掌公权力的政府部门一旦陷入信任危机，无论发表什么言论、执行什么政策，公众都会给予负面评价，不再信任政府，也不再支持政府，甚至可能通过群体性突发事件来对抗政府。在邻避冲突发生和演化的过程中，公众与地方政府的信任关系是从信任到有保留的信任，再到不信任的方向逐渐变化的。在邻避冲突的酝酿阶段，公众对政府是信任的，故而选择通过制度内渠道表达利益诉求，希望政府公共权力的介入能够帮助其维护自身的合法权益，但政府并未对此给予足够的重视，期望与失望之间的落差消解了公众对政府的信任。在邻避冲突的爆发和升级阶段，公众对政府的信任是有所保留且不断流失的，此时公众虽仍然对政府抱有希望，但利益表达梗阻使公众对政府言论、行为产生怀疑，这种不信任情绪的蔓延，最终引发系统性的信任危机；在邻避冲突的持续阶段，公众不再信任政府，此时政府无论发表任何言论、作出任何决策，公众都表示强烈抗议和反对，使政府陷入“塔西佗陷阱”。如市民 Q 在论及上海金山居民反对 PX 项目事件时谈道：

> “从 1970 年上海石化股份公司在金山开建，到 1998 年上海化学工业区成立，几十年来金卫镇和漕泾镇居民深受其害，癌症量相比其他地区高。我以前在化工类公司工作过，知道零污染只是口号而已，而且政府监管力度明显不行，想想漳州 PX 爆炸事件、天津塘沽爆炸事件就知道了。”

3. 政府合法性的不断流失

政府合法性是指执掌公权力的政府在运行过程中其权威为公众所认可的程度。政府合法性主要来源于两个方面，一是自上而下的权力授予，二是自下而上的权力赋予。前者是国家法律授予政府的法律合法性，即《宪法》中所规定

① [德]乌尔里希·贝克.“9·11”事件后的全球风险社会[J]. 王武龙，译. 马克思主义与现实，2004(2)：70-83.

② 杨雪东. 风险社会与秩序重建[M]. 北京：社会科学出版社，2006：68.

的政府的法律地位，后者是公众基于信任赋予政府的社会合法性，来自于政府积极作为产生的治理权威。由此可见，自上而下的权力授予是一个常量，自下而上的权力赋予是一个变量，只有将政府信任维持在一定的水平才能确保政府的合法性不流失。在管制型邻避冲突治理模式下，政府消极的、被动的治理行为将导致政府信任的消解，进而引发政府合法性的流失。首先，政府为了实现整体社会效益而忽略公民个体利益的行为，影响了公众对政府的信任度。“公众对于政府公共价值的认同是一种道德信任，它基于‘政府是善的和必要的’价值判断，并通过公众与政府的情感联结构建了稳定的信任基础。”①当政府为了实现某一目的，选择牺牲个体公民的利益时，公众对政府的评判将不再是善的、必要的和可信任的，政府的公共价值也无法再得到公众的认可。其次，政府消极的、被动的邻避冲突治理行为损害了其在公众心目中的形象。在邻避冲突治理过程中，政府治理行为本身是否正当、合法，是否符合法律规范、道德标准以及被广泛认同的社会价值，都直接影响着公众对政府的信任水平和认可程度。当政府为了实现邻避项目的顺利推行有意识地侵犯公众权益时，将会引发公众的不满，最终导致政府信任的不断流失和政府合法性的不断弱化。

① 张成福，边晓慧．重建政府信任[J]．中国行政管理，2013(9)：7-14.

第五章　邻避冲突协商治理：价值考量与实践挑战

在20世纪90年代前后，伴随着参与式政治的发展，西方民主理论出现了明显的协商转向。沟通和反思被置于民主的核心，“认为民主不仅是通过偏好聚合来作出决定，更是意见和偏好在充分信息、相互尊重和竞争性对话中形成与转化的过程”。① 在原有体制面临危机和挑战的背景下，协商民主开启了人类探索参与式民主的新征程。作为一种复兴的民主范式，协商民主在西方国家的政治实践中得到广泛的应用，如英格兰、德国、丹麦和澳大利亚的“公民共识会议”“公民陪审团”等制度设计有效地改善了立法和决策的质量、促进政治共同体的形成。鉴于协商实践的成效和对政治合法性的普遍关注，协商民主已经不再局限于欧洲和北美的发达世界，而进入发展中国家的视野。自2002年中国学术界开始接触并了解协商民主理论以来，协商民主在立法听证、社区治理等领域得到了初步的应用，并产生“民主恳谈会”“公民评议会”“居民或村民代表会”等协商形式，对促进公民有序政治参与、改善地方治理发挥了积极的作用。由于协商民主具有温和理性的特征，是一种解决社会冲突，增强稳定的治理模式，在当今碎片化、离心化趋向显著的社会，它为邻避冲突治理提供了一条可以借鉴的新思路。本章将从理论层面深入剖析协商民主与邻避冲突治理的理论契合、邻避冲突协商治理的价值、邻避冲突协商治理的创新实践及其挑战，为构建邻避冲突协商治理模式奠定了基础。

第一节　协商民主与邻避冲突治理的理论契合

协商民主是过去二十多年来民主理论研究的重要成果，它主张公民积极参与公共事务和政治决策，通过自由而平等的讨论、协商，达成共识。它的兴起

① John S Dryzek. Foundations and Frontiers of Deliberative Governance [M]. Oxford University Press, 2010: 3.

弥补了代议制民主的弊端和不足，更重要的是，它是对文化多元主义背景下社会冲突的现实回应。从规范层面来看，邻避冲突不仅是一个技术问题，更是一个政治问题。邻避冲突客观上反映了城市空间生产和权力运作的交互作用。因此，欣德马什(Richard Hindmarsh)和马修斯(Catherine Matthews)指出，"邻避问题的关键是社会政治的"，而"问题的解决则更直接的指向一个错综复杂的主体协商过程"。[①] 协商民主与邻避冲突治理在价值取向和共生要素方面具有内在契合性，这为探索邻避冲突协商治理模式提供了坚实的理论基础。

一、价值取向的契合

价值取向是基于认知和判断而形成的对特定事物的思维取向。协商民主与邻避冲突治理价值取向的契合体现在追求权力的规范化运行和更好的公共理性两个方面。

(一)公共权力的规范化运行

从专制走向民主是人类社会发展的普遍规律，也是追求民主政治进步的必然要求，其核心是通过协调政府、社会、市场之间的关系来规范公共权力的运行。然而，传统专制统治和精英政治使公众无法摆脱自上而下的官僚控制，也无法限制公共权力的扩张。协商民主积极推动社会力量的平等参与，不但能够激发公民的积极性，而且还能通过议事会、听证会等机制在一定程度上限制权力的滥用，从而保障公共权力的规范化运行。当前，地方政府尝试在沟通、协商的基础上听取并吸纳公众意见，探索建立一种公开、平等、包容、理性的协商治理机制，以改善邻避冲突治理绩效、促进社会稳定。它体现了治理模式从单纯依靠政府管控向多元主体互动的转变，是国家权力向公民权利的回归。协商民主理论以及当前邻避冲突治理的转型实践都主张通过公民广泛的政治参与来规范政府权力的运行，形成协调制约的良性互动关系。在此过程中，协商民主打破了政府管制权力的主导性和单一性运行模式，推动邻避冲突治理权力结构的改变。

(二)更好的公共理性

邻避冲突作为一种针对城市公共项目选址的抗争行动，由风险信息的不对称、邻避设施规划与决策的非科学性等问题引起，在一定程度上也体现了个体理性的膨胀和整体社会范围内公共理性的缺失。"不要建在我家后院，也不要

① Sarah M. Stitzlein. Deliberative Democracy in Teacher Education[J]. Journal of Public Deliberation, 2010, 6: 33-35.

离我家太远”①表明人们对建在自己居住区的邻避设施极力反对，但对其他区域的邻避设施接受程度较高。这反映了邻避设施周边居民规避风险、搭便车及追求个人利益的意识较强，充分体现出个体的理性思维和算计逻辑，即在付出成本时的漠然、被动和抢夺公利时的主动、热情。② 因此，邻避冲突治理的重要目标就是要整合公私利益，重塑公共理性，使抗争行动理性化。协商民主与邻避冲突治理有着共同的价值指向。罗尔斯认为，民主社会中的各种分歧和差异并不妨碍人们在遵循公共理性的基础上形成“交叠共识”。协商民主的一个主要优点在于，它致力于使理性在政治中凌驾于权力之上，平等地对待公民在协商过程中提出的各种建议及理由，说服他人克服狭隘的个体理性，通过积极的辩论，在协商中转换自身偏好，实现更好的公共理性。协商民主理论与邻避冲突治理在追求权力的规范化运行和更好的公共理性方面有共同的价值取向，这为以协商民主推进邻避冲突治理的转型奠定了基础。

二、共生要素的契合

从协商民主与现代公共治理的关系来看，“治理本身即内涵了对协商民主的要求。现代治理和协商民主都依托于民主的深化，都遵循官民合作与共治的相同逻辑，两者实际上是一体两面、如影随形的关系、协商民主离不开现代治理，现代治理也离不开协商民主。”③因此，两者在形成环境、发展条件等方面相互依赖、相辅相成，形成共生要素的契合，这具体表现在以下几点。

（一）多元的文化和利益结构

改革开放以来，经济转轨、社会转型不断深化，由利益失衡、价值变迁引发的各种矛盾日趋尖锐，并导致社会阶层的分化和社会结构的“断裂”。随着人们环保意识的觉醒和维权意愿的增强，邻避设施的兴建和运营引发的冲突事件频繁发生。邻避冲突是社会利益诉求多元化的体现。根据在邻避问题中利益诉求和立场的不同，利益相关者形成支持邻避设施建设和反对邻避设施建设的不同联盟。前者以地方政府、邻避设施运营企业、支持邻避设施建设的专家群体为主；后者主要包括邻避设施选址地区周边的居民及持反对态度的媒体等。而公众反对邻避设施建设的利益诉求涉及个人健康、环境保护，甚至拓展至公

① Yue Gou, Peng Ru, Jun Su, Laura Diaz Anadon. Not in My Backyard, But Not Far Away From Me: Local Acceptance of Wind Power in China[J]. Energy, 2015(82): 722-733.

② 郝雅立．避冲突中社会公共理性重塑研究[J]．领导科学，2017(8)：4-7.

③ 王名．社会组织概论[M]．北京：中国社会出版社，2010：21.

民权利的全面维护。因此，邻避冲突治理必然要求对多元化的利益诉求进行识别和回应，对复杂的利益关系进行整合与调适。

协商民主理论始终立足于多元文化交往、对话与理解当中，是一种旨在回应多元文化对话的民主理论。协商民主理论"承认并接受多元社会的现实以及不同利益主体之间存在的差异和分歧"①，直接造就了协商民主理论多元化的特征。多元性既是协商民主的社会基础，也在某种程度上成为协商民主的动力。多元的文化与利益结构是协商民主理论和邻避冲突治理的核心要素，这从根本上明确了两者的问题指向和根本任务，为理论的融合发展提供了一种可能。

(二)公民政治参与

公民政治参与是公民试图影响公共政策和公共生活的一种活动形式。作为民主制度下的一种普遍的政治行为，政治参与主张公民以个人或集体的形式直接或间接地对公共政策的制定与执行表达意见。实现公民政治参与是破解多元利益结构和复杂社会矛盾的有效途径，也是形成稳定良好社会秩序的重要手段。从理论发展背景来看，协商民主和邻避冲突治理都以社会转型时期利益格局分化为发展背景，其核心是通过实现公民参与，使社会不同的利益诉求和主张，能够合法、有序地表达，从而避免因利益分化和诉求表达不畅造成的社会冲突，更好地维护社会稳定。因此，实现公民政治参与既是邻避冲突治理和协商民主理论的核心，也是承载着两者理论品格和发展目标的结合点，为两者在民主治理实践中共生发展提供了依据。

第二节 协商民主对邻避冲突治理的价值②

协商民主是过去二十多年来民主理论研究的重要成果，它主张公民积极参与公共事务和政治决策，通过自由而平等的讨论、协商，达成共识。它的兴起，弥补了代议制民主的弊端和不足，更重要的是，它是对文化多元主义背景下社会冲突的现实回应。当前，我国邻避冲突呈现出大规模爆发和暴力性增强的特征，不但威胁着政府的公信力，而且直接影响社会的稳定。邻避冲突产生的一个深层次的原因是社会利益结构失衡和缺乏有效吸纳、整合邻避冲突参与

---

① 陈家刚．协商民主与国家治理[M]．北京：中央编译出版社，2014：5.

② 许敏．基于协商民主的网络群体性事件治理研究[M]．上海：上海交通大学出版社，2015：127-138.

者利益诉求的协商机制，正是“协商性对话渠道的缺失，使原本可以通过常规途径解决的问题被‘挤压’成为一个必须通过闹事等非常规手段才可能解决的问题”，而如果有“足够的制度化协商渠道以疏解邻避冲突参加者的不满，则冲突或者抗争带来的不良影响将会弱化甚至消失”。① 协商民主体现了对公民权利的维护与保障，还主张通过对话、沟通的方式消除分歧、达成共识。将协商民主引入邻避冲突治理，有助于将冲突对抗转向协商对话，从而破解冲突治理的困境，进而推动社会的稳定发展。协商民主理论给邻避冲突治理展示了一幅理想图景，它在邻避冲突治理中的价值主要体现在以下三个方面。

一、促进邻避抗争者的有序参与

公民政治参与的“有序”性可以理解为依法参与，它是公民在现有的法律和制度框架内，通过正常的渠道，自主、理性、适度地表达利益诉求和参与政治生活的行为，从而使国家的政治运行最大限度地满足公民的利益。公民有序的政治参与既是为了适应利益格局分化的社会结构，也有助于更好地发展社会主义民主政治、维护社会的稳定。协商民主认可公民参与的主体地位，主张通过公开、理性、平等的协商促进公民的有序参与，并且这种参与不仅仅局限于选举、投票等政治活动，还扩大到公共政策等其他公共生活领域。

协商民主对公民有序参与的倡导和制度安排，对防范和化解邻避冲突具有重要的意义。一个协商的政体有助于促进政治对话，使各方通过辩论的形式达成共识、化解冲突，从而增强了民主。可以说，协商民主的场景就是公民参与的过程。在观念上，协商民主所主张的理性、平等、对话为邻避抗争者的理性行动和有序参与奠定了价值基础；在心理层面，协商民主深刻揭示了共识达成的基础和条件，从而有助于把握邻避抗争者参与邻避冲突治理所需要的认知水平和心理素养；在实践中，协商民主理论提供了大量具体的技术和方法，如民意测验、公民陪审团、专题小组等，为邻避抗争者的制度化参与创造了机会。

协商民主还培育了邻避抗争者有序参与邻避冲突治理的理性精神。正如迈克尔·沃尔泽(Michael Walzer)指出的那样，“对公共事务的关注和对公共事业的投入是公民美德的关键标志”②“协商是一个话语过程，并且具有公共性——

① Dear, M. Understanding and Overcoming the NIMBY Syndrome [J]. Journal of the American Planning Association, 1992(58): 288-300.

② [美]罗伯特·帕特南. 使民主运转起来[M]. 王列，赖海榕，译. 南昌：江西人民出版社，2001：100，201-207.

所有公民都参与的共同性的社会活动。"①协商民主具有培养公民意识的作用，使邻避抗争者在参与邻避冲突治理的过程中形成集体的认同感和责任感。一方面，公众通过日常制度化的协商，与政府部门定期沟通信息，对涉及自身利益的公共项目发表意见和建议，并提出支撑自己观点的理由和客观材料，最终形成一个更具理性的利益分配方案，从而提高邻避项目决策的合法性。这本身就是一个集体协商的过程，公众在集体协商过程中所形成的归属感和认同感，降低了因对政治体制的不信任而引发冲突的可能。另一方面，协商民主的制度框架和实践形式使抗争者理性而非情绪化地表达利益诉求，积极而包容地解决争议，从而防止邻避抗争者无序、非理性的参与导致更严重的秩序混乱和更加剧烈的社会不稳定。

二、协调多元主体利益关系

改革开放以来，我国逐渐形成了多元的政治格局和经济格局，由于分配不均或获取资源能力的差异，不同群体的利益冲突逐渐显现。协商民主将更多的主体纳入到决策领域和利益协调的过程中，通过各方平等、自由的对话和协商，使相互竞争、冲突的社会主体能够充分表达自己，进而在差异中求一致，在冲突中求共存，达成关于公共利益的共识。可以说，协商民主是充分表达利益诉求和协调利益关系的有效方式，它的意义在于能够充分发挥社会主体的角色作用，鼓励社会主体充分表达自己的观点，从而克服精英决策体制排斥公民参与的缺陷，更好地整合社会各个阶层的诉求，使利益分配方案能得到公众的普遍接受。

在邻避风险加剧的现代社会，协商民主对防范因利益表达不畅和利益结构失衡引发的社会冲突产生了积极的作用。由于政府未能建立一种容纳公众利益诉求和参与愿望的体制，也无法有效整合社会各个阶层的诉求和协调各方利益关系，政府未能真正胜任作为公民利益忠实代表的神圣职责。此外，在传统管制型治理模式下，政府处置不力、回应不及时是一种普遍现象，直接导致了冲突中的官民对抗。协商民主为公民制度化地参与邻避决策奠定了基础，政府通过组织定期的交流与协商，广泛地吸取公众对邻避设施建设的意见和建议，从而改善决策质量。与此同时，协商民主打造了相对开放的政治机会结构，赋予公众在邻避决策中的参与权和表达权，使政府客观、公正地协调利益关系。而

① ［美］詹姆斯·博曼．公共协商：多元主义、复杂性与民主［M］．黄相怀，译．北京：中央编译出版社，2006：16.

这种协商互动的新模式，也增进了政府和公众之间的信任关系，从而有效防范邻避冲突的爆发。

三、增强邻避冲突治理的合法性

为了促进人类政治文明的规范性发展，自人类步入政治生活以来，思想家们开始探索政治权威的合法性问题。合法性的基础是体现“人民意志”，即政府的执政理念、管理行为、工作绩效只有符合公众的期望，才能获得政治权力的合法性。传统政府管制型邻避冲突治理因其对邻避信息的封锁、邻避决策的垄断和对公民参与的排斥，使政府公权力与公民私权利之间日益失衡和紧张，因而缺乏合法性。

协商民主提倡用协商、沟通的方式来解决社会问题，有利于在权利与权力之间架起有效的沟通桥梁、形成协调制约的良性互动关系。“在互动中，许多空间被创造出来以使得不同的机构、中介、团体、积极分子以及公民个人走到一起就紧迫的社会问题进行协商”①，从而在获得公众积极支持和社会认可的前提下，增强了邻避冲突治理的合法性。

首先，合法性源自参与者的意愿。民主合法性的基本观点是行使国家权力的授权必须来自受这种权力支配的社会成员的集体决策。② 也就是说，必须通过公民的广泛参与形成最终的政治决策。这是民主概念的抽象描述，同时也是协商的基本要求。协商的合法性不仅建立在广泛考虑各方主体的利益偏好上，还源于理想的协商程序使各种分歧最终通过讨论而达成共识。邻避冲突治理针对的是邻避项目成本效益分布不均衡引发的冲突，而解决利益冲突最有效的方法就是调适各方利益诉求，使其达到适度的平衡状态。因此，政府应在充分尊重公众参与意愿的基础上，建立协商治理机制，这包括邻避项目决策领域的制度化协商和专门针对爆发后的冲突事件的临时性协商。在与特定公众利益密切相关的邻避决策领域，政府要容纳每个受决策影响的公民，使相关群体自由而充分地发表观点，实现参与的实质性平等和决策程序上的公平。“而基于协商的决策具有合法性，不只是因为它碰巧符合大多数公民未经审视的偏好，而且

---

① Hajer, M.. A Frame in the Fields: Policy Making and the Reinvention of Politics[J]// M. Hajer and H. Wagenaar (eds). Deliberative Policy Analysis: Understanding Governance in the Net-work Society. Cambridge University Press, 2003: 88-110.

② Michael Walzer. Spheres of Justice[M]. New York: Basic Books, 1983: 178.

因为它已经经过了正当性的考验，公民能够认为这种方式做出的决策是合理的。”①那些充分吸取公众意愿的邻避项目规划方案，能在执行过程中得到支持和拥护，降低演化为冲突事件的可能性。

其次，合法性源自公共理性。更好的公共理性是协商民主的标识性价值，它让公民真正进入到决策过程之中，使人民的主权得到充分实现，也大大提高了民主的真实性。在西方社会长期的民主认知与实践传统中，民主的真实性与公共理性一直被视作一对难以调和的矛盾。民主的真实性要求更多的公民参与，但是由于知识背景和专业能力的不同，广泛的公民参与能否导致公共理性则是令人忧虑的。为了解决这一问题，必须设计出一个科学合理的程序，让公民在理想的协商程序中追求更好的公共理性。这样的程序设计既需要保障围绕某一公共议题的参与者的代表性，又需要保障参与者获得决策影响力的机会平等性，同时还要保障达成更好公共理性的技术可行性。②“论坛式”协商是被协商民主理论家广泛推崇的一种理想的协商方式，也被称作“对话民主”“话语民主”。这种协商方式既可以避免简单的偏好与利益集聚，也可以过滤私人利益和非理性，使各种分歧最终通过讨论而达成共识。而经由讨论形成的公共意见是具有规范性的，它建立在广泛考虑所有人的需求和利益的基础之上，可以转化为具有约束力和权威性的公共政策。

在邻避冲突协商治理中，理性既是过程性的，又是结果性的。邻避冲突协商治理涵盖了邻避项目决策和冲突治理的全过程。在协商治理过程中，政府、企业、公众等相关群体在提出或批判各种观点时，详细地陈述自己的理由。同时，也认真听取其他参与者的观点，从而使协商结果更理性、更公平。需要指出的是，邻避冲突协商治理的理性主要是一种需求理性而非专业理性，参与者并不都具有与邻避议题有关的专业知识和认知能力，他们的职责在于理性地表达自己的偏好，通过组织化、规模化的参与和协商，增强对其利益主张的认同感，影响邻避项目决策。而政府的职责在于尽可能地容纳与邻避项目有直接利益关系的个体，将公众诉求表达有效地整合，进而作出得到普遍认同的决策。而此时的协商结果不仅建立在广泛吸纳相关利益群体意见的基础上，也建立在利用公开审视过的理性指导协商这一事实基础之上。因此，邻避冲突协商治理更主要的是一种公共需求的揭示与形成的过程。

---

① 陈家刚．协商民主与当代中国政治[M]．北京：中国人民大学出版社，2009：25.

② 张敏．协商治理：一个成长中的新公共治理范式[J]．江海学刊，2012(5)：137-143.

第三节　协商民主在邻避冲突治理中的实践基础

创新邻避冲突治理是一项复杂的系统工程，需要具备多方面的条件。民主政治发展与政府职能转变、公民权利意识的成长与环保运动的兴起、邻避冲突协商治理的创新实践为将协商民主理论引入邻避冲突治理、构建邻避冲突协商治理模式奠定了基础。

一、政治空间：民主政治发展与政府职能转变

现代民主政治的发展既是邻避冲突形成的政治背景，也为多元主体参与邻避冲突治理提供了政治空间。改革开放以来，我国民主政治的制度化、规范化、程序化水平不断提高，公民有序政治参与的途径不断拓宽，协商民主无论在中央还是在基层都逐步走向制度化。在政治民主化不断推进的过程中，转变政府职能，成为中国行政体制改革的重要内容。

传统的行政方式是一种基于人身依附的权治，国家的一切治理活动都建立在君主的意志之上。统治者的意志是统治权力的来源。统治型行政以对人格化秩序的服从为前提，统治者建立权力机构表达其意志，被统治者以臣民身份存在，并被排斥在公共事务治理框架之外，其情感、利益也不被重视和考虑。统治者与被统治者之间是"强制—服从"的关系，统治者通过处理公共事务，满足其个人利益。在统治型行政的基本框架下，统治者独占公共权力，作为被统治者的臣民，其参与权被忽视和挤压。统治型行政在公共管理中突出表现为对公共事务的垄断控制，而计划经济体制又进一步加剧了政府对一切政治经济社会事务的主导。在这一背景下，公众参与公共事务的意识和政治空间严重不足。

随着中华人民共和国成立以来中国特色民主政治框架的确立与完善，传统统治型行政的藩篱被逐步打破，转变政府职能、深化简政放权成为行政体制改革的新动向。一方面，行政方式从原来的微观管理和直接管理转向宏观管理和间接管理；另一方面，政府的重心从经济发展转向公共服务。服务型政府的建设使公民权利和公平公正问题凸显了出来，要求确立政府与市场和社会的权力边界，充分尊重公众的参与意愿和利益诉求。具体在邻避冲突治理领域，政府职能的转变要求政府必须改变一元主导的管制型邻避冲突治理模式。在邻避冲突治理过程中，通过赋权，使公众获得主体资格，掌握部分邻避冲突治理的权力；通过制度化的平台，充分听取利益相关者关于邻避设施建设的意见和诉

求，为多元主体参与邻避冲突治理创造政治空间。这既是邻避冲突治理转型的必然趋势，也体现了当前加快政府职能转变，构建服务型政府的必然要求。

二、社会基础：公民权利意识成长与环保运动的兴起

公民权利意识是邻避抗争行动的思想动力。邻避设施具有健康威胁、生活品质下降、环境污染、房产价值受损等负外部性影响，这些负外部性影响使邻避设施周边居民的生命财产安全受到威胁。然而，如果公众缺乏公民权利意识，将不会针对邻避设施的负外部性影响发起抗争行动。正如自工业革命之后，邻避设施数不胜数，但邻避冲突直到 20 世纪四五十年代才在美国正式形成，邻避冲突更是直到 20 世纪六七十年代才大规模爆发。①

在我国，邻避设施作为现代化发展的成果象征，于 20 世纪 90 年代以后开始在各地兴建。随着公民权利意识的成长，邻避设施建设引发的冲突事件才逐渐显现。公民权利意识的成长既增加了邻避冲突发生的可能性，也为将协商民主引入邻避冲突治理奠定了社会基础。协商民主理论的支持者强调：“协商是一个话语过程，并且具有公共性——所有公民都参与的共同性的社会活动。”②倘若缺乏公民权利意识和自觉的公民参与行为，协商民主只是一种民主的理想。随着经济社会的发展和民主政治的进步，不同于早期知名环保人士组成的精英阶层运用自己的声望引起公众对环保议题的关注，普通公众的“身份觉醒”和“自我表达”逐步显现。他们依托网络技术，通过微博、微信、QQ 等社交平台自主结成利益共同体，并在邻避抗争行动中分工合作、资源共享、与有关部门积极交涉。而近年来政府自上而下的环境保护宣传和实践也极大地提高了公众的环保意识，各种环保运动蓬勃发展。这些都为引入社会力量参与邻避冲突治理创造了社会条件。

随着公民权利意识和参与能力的不断增强，邻避冲突中的理性元素日益增加，公众积极与政府相关部门沟通，借助政府或企业所提供诸如发布会、听证会等平台进行协商，明确地提出支持或者反对政策方案的依据和理由，并在协商的过程中理性地思考不同的观点，使理性在争执中凌驾于权力之上，促进邻避共识的达成。公民权利意识成长与环保运动的兴起构成了以协商民主推动邻

---

① 陈宝胜．邻比冲突及其治理模式研究[M]．北京：中国社会科学出版社，2018：94-102.

② [美]詹姆斯·博曼．公共协商：多元主义、复杂性与民主[M]．黄相怀，译．北京：中央编译出版社，2006：16.

避冲突治理转型的社会基础，使邻避冲突协商治理更具有现实可能性。

三、现实示范：国内邻避冲突协商治理的创新实践

近年来，伴随着参与式政治的兴起，协商民主作为一种具有巨大潜能的民主治理形式，在中国治理场景中得到广泛应用。“协商民主尤其强调对共同利益的承诺、促进政治话语的相互理解、辨别所有的政治意愿以及支持重视所有人的需要与利益的有约束力的政策。”①这对于有效地化解文化多元主义背景下社会冲突产生了积极的作用。

研究者普遍认为，邻避冲突的有效治理必须实现“决定—宣布—辩护”模式向“参与—协商—共识”模式的转型。②③ 这表明，有必要将具有“通过理性陈述理由解决偏好冲突”特质的协商民主理论引入邻避冲突治理，使政府、企业和公众在互信、互利的基础上就邻避设施的选址规划、邻避设施的风险分担、利益受损者补偿激励等议题进行持续不断的协商谈判、参与合作，并达成共识。

在实践中，基于摆平式策略和强力压制造成的“治标不治本”“成本递增收益递减”的问题，地方政府逐步开始尝试在沟通、协商的基础上听取并吸纳公众意见，探索建立一种公开、平等、包容、理性的协商治理机制，以改善邻避冲突治理绩效，促进社会稳定。

与大多数垃圾焚烧发电项目一样，浙江杭州九峰垃圾焚烧发电项目在2014年5月10日也曾因引发大规模暴力冲突事件而暂被搁置。该事件使杭州市政府深刻认识到争取公众的理解和支持是化解邻避冲突的关键。此后，杭州市政府坚持信息公开和公众参与，一方面将项目技术信息和环境监测数据第一时间公布，保障公众的知情权；另一方面，通过广泛的走访，积极开展风险沟通，并对公众提出的垃圾运输走专用匝道、建立大管网供水以避免水污染等建议逐条落实。杭州市政府还专门召开垃圾焚烧项目答辩会来回应公众代表提出的诸如垃圾存放哪里与怎么烧、二噁英和飞灰怎么控制和处理等困惑，逐渐缓解了公众的风险疑虑。为了补偿项目设址所在地居民的利益，提升居民的获得

① Jorge M. Valadez. Deliberative Democracy, Political Legitimacy and Self-Democracy in Multicultural Societies[M]. USA Westview Press, 2001: 30.

② 张乐. 邻避冲突解析与源头治理[M]. 北京：社会科学文献出版社，2017：139-146.

③ 马奔，李婷. 协商式民意调查：邻避设施选址决策中的公民参与协商方式[J]. 新视野，2015(4)：17-21.

感，地方政府进行了全面的利益补偿，包括实施道路、公交、饮水文体等一大批民生实事工程；投资 20.8 亿元来改善中泰街道的生态、生产、生活环境。最终，通过协商治理，九峰垃圾焚烧发电项目“浴火重生”，于 2015 年 4 月 14 日获批，5 月 20 日项目正式开工，2017 年 9 月试运行。

2016 年 6 月 25 日，湖北省仙桃市发生部分群众抵制仙桃市生活垃圾焚烧发电站项目工程事件，该市干河办事处一带群众因反对垃圾焚烧发电厂项目选址，组织规模性聚集，部分情绪激动的群众试图封堵沪渝高速公路。6 月 26 日，经仙桃市委市政府研究，决定停止“生活垃圾焚烧发电项目”。这是一起典型的因“邻避效应”引发的冲突事件，该事件导致正在建设的仙桃垃圾焚烧发电厂停工，一度成为舆论焦点。事件发生后，仙桃市政府对事件进行深刻反思，认识到项目信息不透明、与群众沟通不充分、科普不到位是导致事件发生的重要原因。在此后的整改工作中，仙桃市委书记及市长挂帅，全市万余名干部群众参与，一场声势浩大的释疑解惑、宣传教育活动在仙桃城乡展开。为了消除疑虑，市长每到一处参观地，都会拉上同行的几位村民，到垃圾焚烧发电厂周边问问住户，打探垃圾焚烧发电厂是否给周边居民带来“健康隐忧”。在组织群众参观考察的同时，仙桃市成立 87 个工作组，动员万余名党员干部，进村居、进楼栋、进学校、进单位、进企业，开展循环经济产业园宣传教育工作，面对面释疑解惑。仙桃市政府用公开求得公信、用对话取代对立、用尊重民意避免漠视舆论，最终打开群众的“心结”。近一年后，2017 年 5 月 3 日，在群众支持率高达 99% 的情况下，仙桃垃圾焚烧发电项目作为该市“一号工程”，在原址重新启动建设；2018 年 4 月 15 日，项目投产试运行。①

由这些事件来看，地方政府通过采取协商治理措施调适了政府、企业、公众之间的利益冲突，实现了邻避设施的成功设址。其经验包括以下几点。

一是有效的风险沟通。由于政府和公众对邻避设施风险的感知差异较大，加上长期以来公众对政府和专家组成的精英联盟持久而广泛的不信任，公众普遍采取激烈的抗争行动表达对邻避设施建设的抗议与不满。因此，重建信任是贯穿风险沟通的一条主线，在此基础上才能充分交流、达成共识。杭州市政府和仙桃市政府都改变了过去的单向宣传模式，通过多渠道的释疑解惑和持续的双向沟通，在充分汲取民意的基础上再进行项目决策，最终赢得了公众的支持。

---

① 湖北仙桃化解邻避效应：曾引发质疑的垃圾焚烧发电厂已试运行[EB/OL].(2018-05-02)[2018-10-03]. https://www.thepaper.cn/newsDetail_forward_2107972.

二是合理的利益补偿。从经济学来看，邻避设施具有明显的负外部性，其生产收益未通过市场机制进行合理分配。① 因此，进行合理的利益补偿是邻避冲突治理的基本策略。杭州市政府和仙桃市政府在利益补偿过程中，采取协商补偿而非强制补偿的方式多次听取公众的利益诉求，既考虑设施周边居民的利益，又充分考虑到整个社区发展。而只有让整个社区可以从邻避设施建设中获益，才能最大限度地降低邻避效应、减少社区反抗，增加对邻避设施建设的支持和认同。

三是多元主体协作。由于风险的复杂性和耦合性，在环境高风险时代，传统以政府为主导的管制型治理模式已难以为继。构建一种新型的由政府、市场和社会共同参与，相互合作与制衡的风险复合型治理结构势在必行。② 地方政府在邻避冲突协商治理的实践中，政府、邻避设施运营企业、公众通过广泛而持续的交流，达成共识，并在此基础上通过协商治理实现了收益共享。

国内地方政府在邻避冲突协商治理的创新实践中，建构了多元主体协商对话的合作互补机制，实现了邻避风险与收益在不同利益主体间的合理分担与共享。为推动邻避冲突治理从管制到协商的转型积累了宝贵的实践经验。

第四节　协商地位不平等：邻避冲突协商治理的挑战

尽管协商民主对化解当前的邻避困境具有重要价值，但无论是作为一种理论工具，还是作为一种实践模式，邻避冲突协商治理都面临着一些质疑和挑战。

第一，协商条件是否平等？当前许多关注协商民主的理论家，试图以协商民主代替基于利益的民主理论，但是由于协商条件的不平等，他们对协商民主的实现存在异议。亚里士多德曾指出，在不平等的情况下，协商无法规范政治目的，且会导致政治的动荡。强势集团通常以“承诺”或“威胁”的方式来扭曲协商过程，从而获得其他参与者对其利益主张的认同。参与者的公共能力也在一定程度上影响着协商的结果。在协商治理中，参与者必须具备基本的认知能力、沟通能力和理解能力，这样才能有效地表达偏好、参与协商。而交流能力

---

① 王佃利，徐晴晴．邻避冲突的属性分析与治理之道——基于邻避研究综述的分析[J]．中国行政管理，2012(12)：85-90.

② 王芳．合作与制衡：环境风险的复合型治理初论[J]．学习与探索，2016(5)：86-94.

较弱的人在公共协商的过程中处于劣势地位，他们只能被动地接受其他参与者的协商结果。可见，在协商条件不平等的情况下，邻避冲突协商治理的过程和结果将不可避免地被强势群体主导，而弱势群体则被公共排斥，陷入政治贫困的境地。

第二，协商是否一定能达成共识？协商治理强调理性在公共协商中的作用，避免情绪化的诉求表达影响共识的达成。但实践表明，当政府、企业、公众围绕邻避项目展开协商后，并不一定形成被普遍接受的决策方案。尤其是弱势群体的话语权达不到影响邻避决策的程度时，他们更会作出极端的举动，导致群体进一步两极分化，使利益矛盾更加尖锐。可见，邻避冲突协商治理并不是一个可以解决复杂冲突的万能模式。在缺乏充分信息等因素的影响下，参与邻避冲突协商治理的公民个体很容易丧失理性和独立的判断，去服从更加极端的言论或权威。因此，当协商与群体两极分化现象并存的时候，我们就会怀疑邻避冲突协商治理的有效性。而“理性的首要任务是认识到自己的局限，并为自己发挥作用的范围划定边界”①，如果认识不到协商治理的理性失灵之处，就不可能更好地将协商民主理论运用于邻避冲突治理领域。事实上，邻避冲突协商治理并不以达成共识作为最终目的，公民利益的表达和协商至少给公众提供一个沟通信息、利益表达的渠道，这在某种程度上将有利于平衡社会心理、缓和怨恨情绪，防止矛盾的激化和扩大。

詹姆斯·博曼指出主体地位平等是协商民主的假设前提。协商民主理论主张每个人都平等参与地政治过程。所有受决策影响的人不仅能参与其中，而且拥有平等的权利和机会去表达诉求，并享有平等的机会去回应不同的观点和主张。“参与协商的公民不仅在程序上是平等的，他们在实质性上也必须是平等的，因为协商要求现有的权力格局不能影响参与者的实际地位。”②这表明，协商民主中主体地位平等至少有两方面的要求，一是所有公民都能被纳入协商民主的主体范畴，二是协商不受权力、财富等外在因素的影响。然而，主体地位不平等是当前协商治理的最大挑战，现实的不平等实实在在地存在于政治社会的权威格局中，并对协商主体的参与构成了条件和能力上的种种限制。詹姆斯·博曼将这种不平等总结为三种类型：机会不平等、资源不平等和能力不平等，它们分别对应着权力不对称、交流不平等，以及“政治贫困”或公共能力

① Jon Elster. Solomonic Judgements[M]. Cambridge University Press，1989：17.

② 谈火生．审议民主[M]．南京：江苏人民出版社，2007：178.

的缺乏。①

一、机会不平等

协商民主具有很强的开放性和包容性，民主协商需要平等获得政治影响力的机会。② 这种影响体现在邻避冲突治理的每一个参与者都有机会表达自己的意见或质疑他人的观点，具体包括提出要求或拒绝要求、进行允诺或拒绝允诺、自我辩护或要求他人作出自我辩护。然而实践中，很多与邻避项目有直接利益关系的公众并未获得参与邻避决策的机会。权力结构、制度设计、参与成本是协商主体参与机会不平等的关键因素。

由于现存体制中协商治理参与者的权力是不对称的，所以协商民主理想状态的实现存在一定的困难。在我国长期的发展过程中，公共权力处于整个社会的支配地位，而公民权利的保障却被忽视，从而导致我国社会生活中根深蒂固的公共权力本位观。尤其是邻避冲突中处于弱势地位的直接利益相关者，他们在现实的政治生活中，由于资源禀赋的差异和利益诉求能力的不同，缺乏有效的参与、表达和监督机会，即便是构建了政府与直接利益相关者之间的协商平台，但是协商结果无法避免被精英操纵或支配，从而使邻避冲突协商治理成为“强势集团”巩固统治权威的工具。而那些影响力较弱甚至根本就没有影响力的协商主体虽然能发现协商机会不平等的问题，但影响力的缺乏本身就决定了他们自身根本没有拓展协商范围和减少不平等的机会和途径。

随着邻避冲突的频繁发生，近年来各地方政府将邻避项目的社会稳定风险评估作为“维稳”工作的重点，虽然社会稳定风险评估的流程逐渐成熟，但在具体的实施路径上，尤其是公民参与的制度设计上存在明显的漏洞和缺陷。具体体现在：一是公民参与制度目标褊狭。政府在邻避项目社会稳定风险评估中设置公众参与环节的根本动机是对公众进行说服和教育，强化他们对有关邻避设施的兴建是正确合理的认知，从而提高邻避项目的社会接纳度，减少公众对邻避项目的抵抗。二是公民参与过程被软性控制。在这样的目标预设下，公民参与的启动、议题内容的选择、参与者的挑选及程序规则等关键性权力都会被政府控制，从而以制度的名义，排除或纳入特定的利益群体，并掩盖公众的不

① ［美］詹姆斯·博曼．公共协商．多元主义、复杂性与民主［M］．黄相怀，译．北京：中央编译出版社，2006：94.

② ［美］陈家刚．协商民主：概念、要素与价值［J］．中共天津市委党校学报，2005（3）：56.

满和合理诉求。

参与成本也是主体参与机会不平等的关键因素。在邻避设施选址决策中，政府和相关企业在举行邻避设施选址听证会时，很少考虑参与者的方便性，将会议地点设在远离设施周边居民的办公楼。在生活工作节奏快的现实背景下，公众因为交通成本和时间成本等问题，常常选择放弃参与协商的机会。政府要为与邻避项目的利益相关者，尤其是选址周边民众提供参与协商治理的便利性平台和机会，依托社区议事会、民主恳谈会等社区治理制度平台，开展邻避设施选址意见征询活动，重视公众的主张和意见，争取更多的共识和理解，降低底层群体非理性参与的可能性，减少邻避项目实施的阻力。

二、资源不平等

协商主体可支配资源的差异是引起不平等的重要因素，这种不平等可以用福利、资源、基本物品等不同方式衡量。根据达尔提出的金钱与财富本身就是一种政治资源，而财富是确立政治权力的基础的观点，物质财富与政治资源具有累积效应，个人拥有的物质资源越多，其拥有的政治资源也就越多。物质财富的非对称性占有可以通过不同的途径和方式影响公共治理。为了使处于劣势地位的公民改变自身的意愿妥协于强势者，获得经济和政治优势的协商主体会采取“承诺”或“威胁”这两种方式。在协商实践中，处于优势地位的群体常常以物质作为交换条件换取其他参与者的支持。处于弱势地位的群体因资源的不平等，要么会通过进行虚假的协商来获得好处，要么不得不歪曲自身的意愿屈服于强势一方操纵的协商结果。协商民主不否认资源在不同群体中分配不平等的客观实际，但主张各协商主体的参与是自愿的、自由的，没有人能够利用资源分配的不平等所产生的优势使其他参与主体违背个人意愿去支持或反对某个政策和观点。

然而，实践中发现拥有丰富的社会政治经济资源的协商主体更容易建立起结盟关系，他们采取多种策略影响政府决策，如利用自己强大的社会关系网络，利用掌握的资源俘获政府官员等。因此，他们对协商结果的影响力越来越大。“20 世纪 90 年代以来，强势群体与弱势群体之间已经大致形成了支配与被支配的关系。”①可支配资源较少的弱势群体在协商过程中话语空间狭小，利益诉求不能被充分地吸纳到决策系统，其利益难以在公共政策中得到尊重与保护。

① 孙立平．改革反映强势主张[J]．改革内参，2003(16)：12.

协商主体的物质财富不仅会影响其政治地位，也会对认知能力产生一定的影响。经济条件差的公民因没有接受良好教育的机会，导致其缺乏公共协商的认知能力。这样一来，信息屏蔽、机会和时间成本、讨论形式和参与者素质等因素就成为平等协商的障碍。“某些人不具备参与协商所必需的手段或教育背景，或者在协商过程中因为与其必须表达的内容无关而不被倾听。他们被当作低等的人看待。虽然每个人都有投票权，但有些人因为贫困和缺乏教育而不具备做出明智和深思熟虑的决定的基础。这些人也被当作低等的人看待，他们的利益在讨论过程中没有给予平等的考虑。”①资源不平等导致的认知能力差异影响了直接利益相关者控制议题的水平与能力，使直接利益相关者在邻避冲突治理中被“相对剥夺”。总之，“政治权力和经济财富的不平等、接近媒体的机会和对信息控制上的巨大差异使得某些人比其他人在审议性论坛上有更大的力量。”②

三、能力不平等

协商治理的核心是参与主体的理性谈判与沟通互动。无论是在协商过程中表达自身利益诉求和偏好，还是在互动基础上形成利益聚合并达成协商共识，参与者的能力都起着至关重要的作用。然而现实社会中由于资源分配的不平等以及民主程序的不完善，利益受损的弱势群体未必都有能力参与协商，即存在所谓的“政治贫困”。

协商民主要求各协商主体必须要有最低限度的能力。这些能力包括：明确表达真实偏好的能力、有效利用文化资源的能力、基本的认知能力与技能。缺乏有效参与民主过程的能力被称为政治贫困。这种贫困引发了两种后果：公开排斥(Public Exclusion)和政治包容(Political Inclusion)。③ 公开排斥是指政治贫困者由于协商能力低下被排除在协商过程之外；政治包容是指协商能力低下者的意见被忽视或被同化为强者的意见。

在邻避项目的论证会中，公众要对邻避设施技术应用的具体形态和现实后果提出有说服力的反驳理由。毫无疑问，这必须以专业知识为基础。然而，多

① ［美］詹姆斯·博曼，威廉·雷吉．协商民主：论理性与政治［M］．陈家刚等，译．北京：中央编译出版社，2006：195.

② ［美］埃米尔·古特曼，丹尼尔·汤普森．审议民主意味着什么［C］//谈火生．审议民主．南京：凤凰出版传媒集团，江苏人民出版社，2007：29.

③ ［美］詹姆斯·博曼．协商民主与有效社会自由：能力、资源和社会［C］．王文滋，陈志刚，译//陈家刚．协商民主．上海：上海三联书店出版社，2004：153.

数公众并不具备这样的专业素养和认知能力，这使得所谓的辩驳缺乏争论的焦点。虽然政府和相关企业在召开邻避项目听证会和说明会时也有问答互动环节，但是在整个信息的沟通上仍是以单线性为主，科技理性占据权威位置，技术官僚会有意识地将公众讨论限定在科学理性的框架之内，从而增加公众举证困难。① 当然，知识的鸿沟并不总表现为专家科学理性的优势和公众专业知识的缺乏，公众在地方性知识上的经验也会使其具有一定的优势地位，而专家对地方性知识的偏见会使与公众的沟通陷入另一种类型的知识鸿沟。主体对知识的反思性检验缺乏和参与能力的差异制约了协商的有效性。

在邻避冲突协商谈判过程中，一部分公众无法有效形成自己的观点和意见，较多地附和别人的观点或者表示“不知道”“无所谓”，更难以对他人的意见进行反驳并提出不同的看法。为了让处于弱势地位的公众在协商治理中发挥最低限度的作用，每一个协商者必须能发起对话，并具有避免其利益诉求长期得不到重视和被正确领会的能力。具体包括：(1)沟通能力。公众参与邻避冲突协商治理的过程实际上是政府、企业、公众等多元主体的持续互动，这种互动是通过沟通、对话、讨论来进行的，公众要掌握基本的沟通技巧，提升沟通能力以保障参与的有效性。(2)理解能力。包括理性判断邻避项目的公共利益取向、邻避项目的负外部性、邻避项目的风险分配等，以便更好地围绕争议焦点展开论辩。(3)学习能力。公众的参与能力需要通过学习和实践持续提升，公众要有意识地培养学习意识、学习能力和学习方法。处于弱势地位的协商主体尤其需要发展他们的公共能力，通过学习掌握有效表达和维护说服性观念的认知能力与技巧，使邻避冲突协商治理的进程向着有利于他们的方向发展。

主体地位平等是协商民主有效性的前提。但民主不是毫无差别的抑制，这既不符合协商民主的本意，也不符合客观实际。协商民主并不排斥主体机会不平等、资源不平等、能力不平等，而主张“协商中的平等必须强到足以保证将所有公民包容在协商之内，并将外在或内生的影响，如权力、财富和已有的社会不平等排除在外的地步”。② 可见，主体地位平等实质上是权利意义上的平等。为了确保所有民众都能自由参与协商，获得及时而充分的信息反馈，对公共决策产生实质影响，要深入分析协商主体地位不平等的影响因素，采取矫正措施，防止强势群体凭借其掌握的权力和资源操控协商议程和协商结果，危害

① 张乐．邻避冲突解析与源头治理[M]．北京：社会科学文献出版社，2017：239-240.

② James Fishkin. Democracy and Deliberation[M]. Yale University Press, 1993: 32.

邻避冲突协商治理的民主价值。

第五节　协商地位的影响因素及其矫正

协商治理的核心是平等参与、理性协商，它在一定程度上改变了治理结构，促进治理秩序的重构。在邻避冲突协商治理实践中，公民参与的实现以及多元主体的协商过程受到诸多因素的影响和制约，从而阻碍其功能的发挥。政府、企业和公众的协商地位不平等是邻避冲突协商治理的实践挑战。詹姆斯·博曼将“协商不平等”理解为公共领域的公共能力和机能的不对称，并将与团体相关的不对称分为机会不平等、资源不平等和能力不平等。本部分以此框架为基础，运用层次分析法(AHP)，进一步探究制约邻避冲突参与者平等协商的关键因素，并提出协商地位不平等的矫正措施，以更好地发挥协商民主在邻避冲突治理中的作用，为科学构建邻避冲突协商治理模式奠定基础。

一、协商地位的影响因素及权重确定

邻避冲突参与者协商地位影响因素分析的基本思路是首先运用层次分析法构建协商地位影响因素层次结构模型。其次构造判断矩阵，之后进行各层次指标的权重分析，并进行一致性检验。最后，基于结果对协商地位影响因素层次结构模型进行修正。

(一)协商地位影响因素层次结构模型

以詹姆斯·博曼提出的“协商不平等”三大影响因素为依据，将“机会”“资源”“能力”作为第一层次，围绕这三大要素，将具有共同属性的元素归并列入同一层次。同一层次的元素既对下一层次具有指导作用，同时又受上一层元素的制约，这样就初步构建了协商地位影响因素层次结构模型(如表5-1所示)。协商地位影响因素层次结构模型有四个层次。最高层次是“协商地位影响因素”，它是层次分析的目标层。中间层包括准则层和子准则层。准测层包含“机会”“资源”“能力”三大要素。结合詹姆斯·博曼对“协商不平等”的阐释与分析，对子准则层进行初步提炼。其中，“机会”因素包括权力结构、制度设计、参与成本；“资源”因素包括物质财富、社会网络、信息资源；“能力”因素包括知识、理解能力、沟通能力。最后一层是因素层，表示与邻避冲突参与者协商地位有关的具体影响因素。

表 5-1　　　　　　**邻避冲突参与者协商地位影响因素**

总目标层	准则层	子准则层	因　素　层
协商地位 S	机会	权力结构	公民团体启动协商的权利 C_1
			公共决策中的公民赋权 C_2
			政府权力的监督与制约 C_3
			权力对称性 C_4
		制度设计	广泛的意见征集与反馈 C_5
			同等的发言机会 C_6
			非强制的协商安排 C_7
			利益调适与共识构建 C_8
		参与成本	时间和精力 C_9
			风险损失 C_{10}
	资源	物质财富	收入 C_{11}
			资产 C_{12}
		社会网络	个体声望 C_{13}
			成员的社会地位 C_{14}
			成员间关系 C_{15}
			群体组织化程度 C_{16}
		信息资源	信息量 C_{17}
			信息广泛程度 C_{18}
			信息获取时间 C_{19}
			信息对称性 C_{20}
	能力	知识	专业性知识 C_{21}
			地方性知识 C_{22}
		理解能力	理解公共问题解决的公共利益取向 C_{23}
			对参与主体诉求差异的认知与包容 C_{24}
		沟通能力	表达能力 C_{25}
			论辩能力 C_{26}

(二)权重分析

上述指标体系中各个指标对参与者的协商地位的影响程度不一，因此采用层次分析法(AHP)来确定各指标的权重。层次分析法确定权重的基本步骤包括以下几点。

(1)建立层次结构模型，即表5-1所提出的指标体系。

(2)量化评定尺度。在两个因素进行比较时，需要定量描述两者之间的重要程度，采用九分位比例标度，如表5-2所示。

表5-2　**相对重要性比例标度**

标度	含　义
1	表示两个因素相比，具有相同重要性
3	表示两个因素相比，前者比后者稍重要
5	表示两个因素相比，前者比后者明显重要
7	表示两个因素，前者比后者强烈重要
9	表示两个因素相比，前者比后者极端重要
2，4，6，8	表示上述相邻判断的中间值
倒数	若因素 i 与因素 j 的重要性之比为 a_{ij}，那么因素 j 与因素 i 重要性之比为 $a_{ji} = 1/a_{ij}$

(3)权重计算与一致性检验。根据专家意见评分获取量化结果，并据此构造判断矩阵、计算权重并进行一致性检验，从而得到最终的指标体系权重。

根据层次分析法(AHP)专家评分量表，我们选取了10位从事相关领域研究的专家进行专家打分。根据专家的意见评分，运用层次分析法(AHP)进行数据分析，最终计算得到层次 B 所有因素的重要性权重，如表5-3所示。

表5-3　**层次　总排序**

层次　总排序				
层次	A_1	A_2	A_3	各一级指标相对于子目标的权重
B	0.3389	0.4311	0.2300	
B_1	0.5533			0.1875
B_2	0.3691			0.1251

续表

层次　总排序				
B_3	0.0776			0.0263
B_4		0.2558		0.1103
B_5		0.6108		0.2633
B_6		0.1334		0.0575
B_7			0.1370	0.0315
B_8			0.5356	0.1232
B_9			0.3274	0.0753
			$\sum$	1

层次 C 所有因素的重要性权重如表 5-4 所示。

表 5-4　**层次　总排序**

层次　总排序										
层次 C	B_1	B_2	B_3	B_4	B_5	B_6	B_7	B_8	B_9	各指标相对于总目标权重
	0.1875	0.1251	0.0263	0.1103	0.2633	0.0575	0.0315	0.1232	0.0753	
C_1	0.1669									0.0313
C_2	0.3243									0.0608
C_3	0.3909									0.0733
C_4	0.1179									0.0221
C_5		0.2838								0.0355
C_6		0.1519								0.0190
C_7		0.1606								0.0201
C_8		0.4037								0.0505
C_9			0.2053							0.0054
C_{10}			0.7947							0.0209

续表

层次 总排序										
C_{11}				0.2267						0.0250
C_{12}				0.7733						0.0853
C_{13}					0.1880					0.0495
C_{14}					0.4550					0.1198
C_{15}					0.1443					0.0380
C_{16}					0.2127					0.0560
C_{17}						0.0800				0.0046
C_{18}						0.1148				0.0066
C_{19}						0.4070				0.0234
C_{20}						0.3982				0.0229
C_{21}							0.8254			0.0260
C_{22}							0.1746			0.0055
C_{23}								0.4245		0.0523
C_{24}								0.5755		0.0709
C_{25}									0.4622	0.0348
C_{26}									0.5378	0.0405
						$\sum$				1

(三)一致性检验

一致性检验是通过计算一致性比例 CR 来进行的，其计算公式为：CR = CI/RI。各阶 RI 值如表 5-5 所示。

表 5-5　　　　**各阶 RI 值**

n	1	2	3	4	5	6	7	8
RI	0	0	0.52	0.59	1.12	1.26	1.36	1.41
n	9	10	11	12	13	14	15	
RI	1.46	1.49	1.52	1.54	1.56	1.58	1.59	

对于 1、2 阶判断矩阵，总具有完全一致性，当阶数大于 2 时，判断矩阵的一致性指标 CI 与同阶平均一致性指标之比称为一致性比率，记为 CR。当 CR≤0. 1 时可以判断矩阵具有满意的一致性指标。CR>0. 1，认为判断矩阵不符合随机一致性指标，必须进行调整和修改。

通过计算得知，上述各判断矩阵中 CR 均小于 0. 1，即所有判断矩阵通过一致性检验，具有满意的一致性指标。

综上，邻避冲突参与者协商地位指标体系权重如表 5-6 所示。

表 5-6　　**邻避冲突参与者协商地位影响因素**

总目标层	准则层	子准则层	因素层	指标权重
协商地位 *S*	机会	权力结构 0. 1875	公民团体启动协商的权利	0. 0313
			公共决策中的公民赋权	0. 0608
			政府权力的监督与制约	0. 0733
			权力对称性	0. 0221
		制度设计 0. 1251	广泛的意见征集与反馈	0. 0355
			同等的发言机会	0. 0190
			非强制的协商安排	0. 0201
			利益调适与共识构建	0. 0505
		参与成本 0. 0263	时间和精力	0. 0054
			风险损失	0. 0209
	资源	物质财富 0. 1203	收入	0. 0250
			资产	0. 0953
		社会网络 0. 2933	个体声望	0. 0585
			成员的社会地位	0. 1347
			成员间关系	0. 0385
			群体组织化程度	0. 0615
		信息资源 0. 0575	信息量	0. 0046
			信息广泛程度	0. 0066
			信息获取时间	0. 0234
			信息对称性	0. 0229
	能力	知识 0. 0315	专业性知识	0. 0260
			地方性知识	0. 0055
		理解能力 0. 0983	理解公共问题解决的公共利益取向	0. 0423
			对参与主体诉求差异的认知与包容	0. 0559
		沟通能力 0. 0603	表达能力	0. 0298
			论辩能力	0. 0305

（四）结果分析

根据以上邻避冲突参与者协商地位影响因素权重表可以看出：首先，资源较机会、能力的权重大，说明其对多元主体协商地位的影响较大，为0.4311，其中社会网络占比达0.2933。邻避冲突参与者协商资源不平等主要表现为各主体物质财富、社会网络和信息资源的不平等。具有资源优势的政府在协商治理中处于主导地位，处于弱势地位的公众缺乏话语权，在邻避冲突协商治理中的参与空间较小。因此，要通过完善社会网络和拓展参与空间，保障邻避冲突参与者的协商地位。

其次，机会是影响邻避冲突参与协商地位的第二大因素，权重为0.3389，其中权力结构与制度设计是影响多元主体平等参与邻避冲突协商治理的两个相对重要的因素，权力结构中政府权力的监督与制约、公共决策中的公民赋权有较大影响，制度设计中利益调适与共识构建、广泛的意见征集与反馈对邻避冲突参与者的协商地位有较大影响。权力结构的不均衡必然导致多元主体协商参与机会的不平等，尤其是削弱了弱势群体的参与权，危害了邻避冲突协商治理的有效性。因此，加强对政府权力的监督与制约，构建开放、交互的协商平台是保障弱势群体协商地位的重要途径。

最后，能力是多主体协商地位的第三大影响因素，权重为0.2300。参与者在邻避冲突协商治理过程中的理解能力与沟通能力至关重要，对各主体诉求差异的认知与包容、公共利益取向的理解以及参与者对话中的论辩能力都对自身的协商地位产生不同程度的影响。因此，政府有必要加强对弱势群体的教育，使其具备基本的认知能力和协商技巧，从而破解协商过程中“公开排斥”和“政治贫困”的困境。

二、协商地位不平等的矫正措施

以上分析结果对矫正邻避冲突参与者协商地位提供了依据，为邻避冲突协商治理实践奠定了基础。实际上，没有矫正不平等的措施，协商总是具有精英主义的倾向，从而使那些具有较多文化资源及有能力将自己的利益和价值强加于他者的人受益。在邻避冲突协商治理中，公众由于在权力、资源、能力上处于弱势地位，协商议题被屏蔽、推迟，协商过程受到强势集团（包括政府）的软性控制。在无有效参与的情况下，他们要么屈服于被强势集团操纵的协商结果，要么在强势集团的诱导下放弃利益诉求。因此，只有消除了协商主体在资源上的依赖和政治权力对公共协商过程的影响，协商治理才能成为一种有效的实践模式。

詹姆斯·博曼认为，即使在大规模的相对持久的不平等既已存在的情况下，协商也是可能的。协商民主并不排除多元主体之间的身份差异。当权力、资源、能力导致的地方精英和普通民众之间的差异使一部分群体被排除在协商范围之外，或对协商过程产生权威性影响时，有必要采取一系列矫正措施。“这类矫正性机制能有效地使少数或处于不利地位的团体跨入协商的大门，受到重视并在公共领域中表达他们的理性，从而促进协商。”①

矫正多种形式的不平等需要创造有利于公民参与的新公共空间、优化促进参与社会生活的公共政策，如社会福利、公共教育等项目等，其目在于保障各参与主体的资源阈限，使协商保持合作性和产生更有说服力的公共理性。具体措施如下有以下几点。

一是创造新的公共空间。随着互联网的迅速普及，互联网成为信息获取和交流的平台。互联网的互动性、开放性使社会成员间的关系更紧密，群体组织化程度更高，形成一种强大的非物质资源力量。借助网络论坛、网络博客、网络社区等载体，公众积极拓展公共参与的途径。由于网络场域主体身份的开放和话题讨论的开放，任何人都可以在网络上表达利益诉求，自由参与协商，不受权威力量的影响，这为在自由、理性协商的基础上达成共识创造了条件。

由于网络具有去中心、分散和反等级的特征，网络技术有助于实现协商主体的平等。首先，网络技术为协商主体提供了充分的信息。网络使信息的传播突破了时间和空间的界限，通过图像、声音、文字等多种传播方式，受众在网络上可以多角度、多层次、最大限度地获取信息。同时，网络兼容了大众传播与人际传播的特征，每个人既是信息的接受者又是信息的发布者，用美国学者尼葛洛庞帝的话说：“在网络上，每个人都可以是一个没有执照的电视台。”②网络的交互性为公民提供了空前的权利和自由空间。其次，网络技术突破了协商主体在经济条件、社会资源、参政技术等方面的制约，使不同地位、身份、阶层的人都可以便捷地接触信息、自由地表达观点。任何公民只要对协商议题有兴趣，有网络和电脑、手机等电子设备，都可以参与到网络讨论与协商中来，从而打破现实权威、权力精英对协商议题和进程以及话语权的垄断，使网络条件下的协商民主更加接近于直接民主的理想。最后，网络技术奠定了公民参与协商治理的社会结构基础。根据马克斯·韦伯的官僚制理论，社会组织是

---

① ［美］詹姆斯·博曼．公共协商：多元主义、复杂性与民主［M］．黄相怀，译．北京：中央编译出版社，2006：93.

② ［美］尼葛洛庞帝．数字化生存［M］．胡泳等，译．海口：海南出版社，1996：205.

层级节制、命令统一的，组织成员通过一定的等级关系连接起来，呈现出一种明显的金字塔纵向权力结构模式。在组织中，每个成员都有自己相对固定的身份和地位，并以此确定与其他组织成员交流的渠道和话语权。网络技术使网络社会的行动主体摆脱集权式社会组织结构的束缚，以一种不同于现实生活的方式进行互动，从而塑造了扁平化社会组织结构和全新的开放式组织模式。这种模式突破了传统的政府管制，使个体更具有主体的独立性与参与的主动性。

二是权力结构的调适。对政府权力的监督与制约是达成协商共识的关键性因素。当公众参与邻避冲突协商治理时，要改变政府或强势集团控制协商过程的权力结构，通过保障公众参与权和信息权，向公众，尤其是弱势群体让渡部分权力，逐步形成相互制衡的对称性权力结构。近些年来，社区议事会作为一种创新的治理形式，已经在基层社会治理实践中逐步推广。社区议事会是由社区居民共同参与、自主决策社区重要事务的一种治理形式。通过社区议事会，社区居民的利益诉求有了制度化的表达渠道，社区的重大决策更加科学、民主。社区议事会保障了社区居民的民主权利，将民主的实际范围扩大到非选举民主，增强了普通公众对公共事务的参与度和影响力。社区议事会在实践中形成的合理产生民众代表、代表制与民意调查相结合、分组多轮协商等操作规则，为邻避冲突协商治理奠定了基础。它促进了公众的有序政治参与，塑造了互信、合作的协商文化，成为调适公共权力和公民权利关系的制度化平台。

在对政府权力进行监督制约和赋予公众参与权的同时，保障公众信息权也是矫正协商地位不对等的关键措施。当基层社会成员拥有信息权力时，权力的运行机制会随之发生变化。信息权力不再是由上至下地单向运行，而是双向交互式运行。基层社会成员的信息权力会对上层产生直接影响，形成一种潜力无限的强大的社会力量或社会权力。当社会权力成长壮大时，传统权力结构被注入了一种新权力的构成。由于新的权力集中体现在基层社会成员通过网络关系向传统权力结构发出批评、否定甚至颠覆，并且，掌握在基层社会成员手中的信息权力不仅会以各种形式向传统的实体权力出击，而且还能产生“蝴蝶效应”，使信息权力被瞬间放大。因此，新的权力导致原有权力结构中力量对比关系发生了显著变化，权力结构的民主化极大地缓解了协商主体地位的不平等。

三是建立多元主义的资源分配机制。自由而平等的协商治理有赖于基本的协商资源的支持。精英主义式的累积性资源分配会使资源总是被某些少数人掌握，形成“赢者通吃”的局面。这种不平等的资源分配方式，会导致政治影响力的不平衡，使政治和政策过程被某些人操控。而多元主义式的资源分配则持散布性的观点，主张资源在不同集团之间的散布，即在某一领域拥有优势资源的集团在其他领域不一定占有优势，不同的集团总能在政策形成的某一阶段产生影响。① 邻避冲突协商治理是拥有不同资源的个人、集团之间相互讨价还价和平衡的结果。为了让处于弱势地位的利益诉求者具有提出说服性观点的基本能力，而不是被迫同意别人的观点，要通过公共政策对强势群体的能力自由设置上限，并通过公共教育、社会安全等项目保障弱势群体的资源阈限，为其提供经济保障。同时，要通过制度如利益诉求制度、权利救济制度使弱势群体参与邻避冲突协商治理得到保障，从而弱化不平等的原因和条件，使能够提供政治平等的程序和协商条件得以实现。②

四是提高弱势群体的资源利用能力。为了实现协商治理的理想目标，协商过程应该为那些弱者提供受教育和准备的机会，使他们努力获取各种层次的技术和专业知识。因此，要求政府财政保证公民认知能力的培养，提升公民尤其是弱势群体的受教育程度，以及利用信息技术收集和传播信息的能力。此外，弱势群体的联盟是增强弱势群体资源利用能力的重要策略之一。实现这个策略的方法是让协商主体充分运用公共理性，通过非正式交流网络，聚集多个个人或团体的资源、能力，表达一种声音。令人欣喜的是，当前中国社会的整体性进步已激发了社会资源获取途径的多元化发展，市场而非行政权力主导的资源分配逻辑促进了人们创造性、主动性和独立性的成长。利益受损的弱势群体可以通过与媒体的沟通、与潜在利益相关者的联盟，增强个体诉求表达的影响力，从而弥补其在邻避冲突协商治理中的“政治贫困”和“资源短缺”。③

① 李强彬，廖业扬．中国语境下协商民主的发展：理由、可能与路径[J]．求实，2012(8)：59-64.

② 许敏．网络群体性事件的协商治理探讨[J]．理论探索，2018(1)：80.

③ 许敏．网络群体性事件的协商治理探讨[J]．理论探索，2018(1)：80.

第六章　通向协商治理之路：邻避冲突协商治理模式及其运作机制

邻避冲突治理模式是邻避冲突治理的方法论，也是邻避冲突治理实践的理论抽象。多元主体利益结构失衡以及缺乏有效吸纳、整合邻避冲突参与者利益诉求的协商机制是我国邻避冲突演化升级的根本原因。以强制胁迫和利益诱导为核心的政府管制型治理模式使邻避冲突陷入“不可治理”的困境，并为新的社会冲突埋下隐患。

鉴于协商民主在促进邻避抗争者有序的政治参与、协调多元主体利益关系和增强邻避冲突治理合法性中的价值，本章吸取协商民主理论的精要，在遵循协商实践与政治环境的契合与统一、公民表达与政府回应对接与互动的原则下，从权力结构、制度规则、协商文化以及合作网络四个方面探究邻避冲突协商治理模式的系统架构，并结合邻避冲突的演进逻辑，分析邻避冲突协商治理的运作机制，以增强邻避冲突协商治理模式的指导力和适用性。

第一节　邻避冲突协商治理的模式

所谓邻避冲突协商治理模式是一种以公共协商为主要途径，强调审慎的公民参与在邻避冲突治理中的基础性作用的治理模式。它奉行民主治理的理念，以公共理性为价值取向，主张政府、企业和公众在互信、互利的基础上就邻避设施的选址规划、邻避设施的风险分担、利益受损者补偿激励等议题进行持续不断的协商谈判、参与合作，从而达成共识，实现邻避冲突治理的模式。

邻避冲突协商治理是一套特定的治理理念、价值与制度设计的有机集合，其中，管制权与参与权制衡的权威结构、“参与—协商—共识”的柔性制度规则、理性认知与互信包容的协商文化、“多边互赖型”合作网络，构成了邻避冲突协商治理模式的系统构架。

一、管制权与参与权制衡的权力结构

协商治理的有效性取决于多元主体平等的协商地位。构建管制权与参与权相制衡的权力结构是达成协商共识的关键性因素，也是保障多元主体平等参与协商的基础环节。

（一）邻避冲突协商治理的主体构成

一般而言，邻避冲突协商治理主体是指直接或间接地参与邻避冲突协商治理过程的个人、团体或组织。邻避冲突协商治理的主体主要包括政府、企业、公众、专家及其他社会组织。

邻避冲突协商治理主体之一：政府。利益相关者理论和协商民主理论表明，政府不是凌驾于社会之上的公共事务垄断治理机构，而是多元利益主体和治理主体之一。这并不意味着政府在冲突治理和公共产品供给中主体地位和责任的丧失，政府依然是冲突治理和公共产品供给的主要责任主体，而且在多元主体协商治理过程中起主导作用。邻避冲突协商治理模式中政府的主导作用不同于全能政府的超然地位，而是与其他主体处于平等地位。政府在邻避冲突治理中发挥元治理角色作用，具体表现在：一是邻避设施协商治理型选址政策与制度的供给者。政府在邻避冲突治理中与企业、公众等治理主体的地位平等，政府要为邻避冲突协商治理提供政策和制度支持，同时还要兼顾和平衡好其他主体的利益关系。二是邻避冲突协商治理过程的引导者。邻避冲突协商治理意味着多元主体平等参与邻避设施选址决策全过程。政府作为协调个体公民利益的集体行为，以便达到某种公正目的的有价值的工具①，需要承担起邻避冲突治理过程中的协调责任，兼顾各主体利益，调节各方矛盾，引导各主体有序参与协商治理。

邻避冲突协商治理主体之二：企业。邻避设施运营企业是邻避冲突协商治理的主要利益相关者。企业在邻避冲突协商治理中的主要角色为：一是邻避设施负外部性影响与危害性风险的治理者。邻避设施的负外部性影响是诱发邻避冲突的客观原因，企业若不基于公众需求、不依靠安全生产技术、不改进监督手段获取公众认可，不仅会加大邻避设施的风险，还会造成公众信任流失。因此企业作为邻避设施建造和运营方，应当承担设施所产生的负外部性影响和相关设施的风险治理。同时，积极推动技术发展，改进技术手段，对于可能产生

① ［加］莱斯利·雅各布．民主视野［M］．吴增定，刘凤罡，译．北京：中国广播电视出版社，2000：88.

严重危害的邻避设施予以终止，主动接受社会各方监督，努力降低邻避设施对周边环境产生的危害。二是邻避设施选址科学性的证明人。在邻避设施建设和运营过程中，企业掌握了专业的设施建造技术以及相应的运营信息，企业对于邻避设施可能产生的外部性影响以及设施选址科学性的认知更全面。在协商沟通的过程中，企业可以帮助其他主体了解邻避项目的相关信息，承担起邻避设施选址科学性证明的责任，从而增进其他主体对邻避项目的理解和认同。

邻避冲突协商治理主体之三：社会公众。作为邻避冲突协商治理主体之一的社会公众，既包括受邻避设施直接影响的邻避抗争者，也包括从邻避设施间接受益(损)的社会公众。在传统治理模式中，邻避抗争者通常是被治理的对象，而在协商治理模式中，邻避抗争者成为治理主体之一，其主体作用主要体现在：一是直接参与邻避设施选址规划和邻避冲突争议解决。邻避设施产生的负外部性会直接对设施周边公众产生影响，公众具有质疑邻避设施选址科学性与合理性的权利，通过积极参与邻避项目规划，表达利益诉求，增加邻避设施选址决策的合法性。二是监督邻避冲突治理过程。邻避抗争者在邻避冲突治理过程中具有监督各方参与者治理行为的权利，防止政府与企业合谋，危害公众利益。

邻避设施间接受益(损)的社会公众也是邻避冲突协商治理的主体，社会公众是影响邻避设施建设的主要力量。公众的决策参与、过程监督等能够更好地实现多元主体协商治理。此外，社会公众也是社会组织参与邻避冲突治理的重要基础。为了在邻避冲突治理中引入公众参与，地方政府的主要做法是：一是召开听证会，听取邻避抗争主体、开发商、专家、第三部门的意见，讨论设施的负外部性及降低负外部性影响的方法及补偿的种类与数额等。二是让公民对邻避设施运行安全指标及污染物排放指标进行监督。三是由企业提交邻避设施环境影响评估报告，接受公众和专家的质疑，以确保设施的安全性。四是当出现争议时，由政府充当仲裁者的角色，或直接诉诸法律，确保公民权利的行政救济和司法救济。

邻避冲突协商治理主体之四：专家。传统邻避冲突治理是基于科层体制的专家政治。由于对“科学理性”、数据及法规的认识不同，以及价值偏好与见解角度不同，不同专家对其自身的知识与学术身份的使用方式也不同。① 这导

① 胡湘玲．核工业专家 V. S. 反核专家[M]．台北：前卫出版社，1995：190.

致邻避设施选址决策出现阻碍时，各利益集团都倾向于自身集团专家所提出的观点。① 专家不一致的观点使公众对邻避设施可能存在的风险感知出现混乱，因此，专家政治也是邻避冲突产生的重要原因。② 邻避冲突协商治理模式承认专家和官僚相结合的决策方式的负面影响，也认同专家意见对社会公众邻避情结的影响。

邻避设施的科学性与专业性表明邻避冲突协商治理需要专家的参与，要充分发挥专家在协商治理中风险评价、决策咨询的作用。具体而言，专家在邻避冲突协商治理中的作用主要体现在：一是专家为邻避冲突协商治理提供决策咨询。邻避冲突协商治理既要坚持冲突的政治伦理，又要兼顾各方主体的利益，这需要充分发挥专家在决策过程中的参谋与决策参与的作用。二是专家为邻避冲突协商治理提供技术支持。邻避设施外部性影响的评价需要具有相关专业技术知识，这就表明邻避冲突协商治理过程中需要依赖专家的技术支撑，充分发挥专家的技术评价作用，降低社会对邻避设施负外部性影响的恐慌及对邻避设施的抵触心理。

邻避冲突协商治理主体之五：社会组织。社会组织是利益聚合与表达的重要载体，也是公众参与邻避冲突协商治理的重要途径。社会组织具有代表和维护成员利益的重要作用，其在邻避冲突协商治理中的角色包括：一是邻避冲突中弱势群体的权益维护者。基于成本、效率等因素的综合考虑，许多邻避项目倾向于向郊区或农村选址，此时弱势群体成为邻避设施负外部性影响的主要承担者，而社会组织在弱势群体权益维护上能够发挥强有力的作用，通过利益聚合和利益表达，增强弱势群体邻避抗争的影响力。二是邻避设施外部性影响的评价者和危害性事件的救助者。社会组织具有一定的独立性与专业性，在协商治理的过程中，能够作为第三方协调各方利益矛盾，对于争议较大的技术性问题，社会组织能够作出客观、公正的评价，增加组织成员及社会公众的信任。社会组织的志愿性使其能够对危害性事件中的个体作出积极回应并提供支持，从而预防“泄愤”和“闹大”行为的出现。三是邻避冲突协商治理的监督者。社会组织的独立性使社会对其信任程度更高，在协商治理的过程中社会组织的参

① Tesh, S. Citizen Experts in Environment Risk[J]. Policy Science, 1999, 1(32): 8-10.

② Schively, C. Understanding the NIMBY and LULU Phenomena: Reassessing Our Knowledge Base and Informing Future Research[J]. Journal of Planning Literature, 2007, 3(21): 255-266.

与和实时监督，能够获得其他参与主体的认可，有助于促进多元主体协商合作的达成。

（二）多元协商主体的权力结构

协商治理的本质是政府与社会对公共生活的合作管理。①协商治理通过对话与讨论使决策更具有合理性，代表多数人的利益。②协商主体的多元及力量能力的相对均衡是协商治理产生和存在的基本条件。③在传统邻避冲突治理中，公众与政府处于"非平衡"的博弈状态，政府掌握着主导邻避项目建设的权力和资源，处于邻避冲突治理的中心位置。公众虽然人数较多，也可以自发组织起来发起抗争行动，但组织结构松散，难以形成稳定、有效的参与力量。协商治理优化了政府与公众的权力结构关系，公众、社会组织等多元主体的参与使邻避项目的决策权在一定程度上转移到公众手中。公众参与权与政府管制权的制衡，矫正了邻避冲突治理主体不平等的协商地位，为邻避冲突协商治理创造了条件。

邻避冲突协商治理促进政府在冲突治理中角色与地位的转变。政府由管制者转变为社会公共利益的协调者，但其仍享有一定的管制权。具体而言，政府的管制权体现在邻避设施选址决策的制度供给、邻避冲突协商治理的启动与监督等方面。相应的，社会主体的参与权包括：一是社会主体对邻避项目建设过程的知情权。知情权是公民参与国家政治的前提④，社会主体享有知情权的基础是邻避项目信息公开、政府决策行为透明。知情权得到保障，社会主体参与协商治理才具备基本条件。二是社会主体在邻避冲突治理中享有利益诉求表达权。单纯的信息公开与知情权保障并不能促成协商主体的实质性参与，还需要赋予各主体利益诉求表达权。基于各主体充分利益表达、整合、调适的邻避项目决策，更具有科学性和合法性。三是社会主体在邻避设施建设与运营过程中享有监督权。具体包括监督邻避项目信息公开、监督邻避决策程序的公开与透明、监督邻避项目规划运营中的违规行为等。监督权的行使为多元主体协商对话创造了条件，它也是社会主体知情权、利益诉求表达权的保障。

---

① 俞可平．引论：治理和善治，载俞可平．治理与善治［M］．北京：社会科学文献出版社，2000：4-9.

② ［美］詹姆斯·D. 费伦．作为讨论的协商［J］//［美］约·埃尔斯特．协商民主：挑战与反思．周艳辉，译．北京：中央编译出版社，2009：65.

③ 张艳娥．从嵌入吸纳走向协商治理：中国国家治理模式的一种演进逻辑［J］．理论月刊，2016(5)：10.

④ 郭道晖．知情权与信息公开制度［J］．江海学刊，2003(1)：127-133.

协商主体的权力结构反映了各主体在邻避冲突协商治理过程中的相对地位与行动边界。一切有权力的人都容易滥用权力。① 为了防止协商主体权力滥用，就需要对权力进行制约。管制权与参与权的制衡结构既保障了参与权的行使，也避免了管制权的过度膨胀。当前，社会力量在资源配置中处于弱势地位，公众、社会组织等主体的参与权难以对政府管制权形成制衡，这导致政府在邻避项目建设中单方面决策，公众利益遭受损失。邻避冲突协商治理权力重构的根本在于权力资源的优化配置，尤其是要赋予处于弱势地位的社会群体更多的参与权，强化其利益诉求表达的能力与有效性，从而在利益均衡中实现邻避冲突治理的目标。同时，积极构建多元主体协商对话的制度平台，为管制权与参与权相制衡的协商权力运作奠定基础，具体包括：建立公众意见表达与相关主体回应制度；在公众缺乏专业知识的情况下，增加企业、专家等具有专业知识的主体与公众协商交流，避免因专业知识的缺乏导致政策制定的高成本和低效率，以及可能产生的公众持续反对和政治僵局②；建立批评、建议、检举、控告等制度，形成制度化的监督网络。

二、“参与—协商—共识”的柔性制度规则

相比传统的管制型邻避冲突治理模式，协商治理引入了更多的参与主体。如果说传统的邻避冲突管制型治理模式倾向于政府的封闭式决策和强制执行，协商治理则主张多元主体在邻避冲突治理中的协商合作。这需要以开放、互信、包容为原则，优化邻避决策制度与程序，形成“参与—协商—共识”的柔性制度规则。

（一）多元协商的邻避决策制度设计原则

基于权力的不均衡与主观风险的规避，政府传统的邻避决策采用“决策—公布—辩护”单向的决策模式。邻避设施自身风险的不确定性与邻避抗争的不可预测性要求邻避决策过程引入多方主体，通过平等交流和理性协商，达成合作共识。

多元协商的邻避决策制度基于以下原则：一是开放性原则。协商参与者掌握充分的信息是协商与论辩的基础。信息公开要求作为邻避决策组织者和发起

---

① ［法］孟德斯鸠．论法的精神（上）［M］．张雁深，译．北京：商务印书馆，1959：184．

② Morell, D. & Magorian, C.. Siting Hazardous Waste Facilities: Local Opposition and the Myth of Preemption[M]. Cambridge, MA: Ballinger, 1982: 118-119.

者的政府公开议题讨论的背景、目的、规则，将决策议题相关资料提供给协商参与者，使其能够独立思考，并提出客观理性的决策意见。同时要求政府在协商讨论的过程中，对焦点问题进行解释说明，并及时将决策结果和各方意见的采纳证明向社会公开。二是互动性原则。互动是协商的内在要求。政府要通过各种渠道和平台，如听证会、评议会、意见征询会等，使公众能够充分发表关于邻避设施建设的意见，将社会讨论方式运用于邻避决策，并对公众意见进行回应和商议，对邻避问题的解决时间、方案和目标进行承诺。既扩大邻避决策的民意范围，也有效满足社会公众参与公共生活的需求。三是包容性原则。邻避冲突协商治理要求每一个受决策影响的公民都能被纳入主体范畴。由于部分社会主体认知能力、偏好表达能力较弱，且缺乏资源平等的体制性保障，无法参与邻避决策或缺乏影响邻避决策的平等机会，政府要加强对弱势群体意愿的倾听与回应，避免片面的偏好与利益聚集，保证协商过程的动态平衡，这是多元主体协商治理的基本条件。

(二)以利益调适与整合为核心的决策规则

利益是多元主体共同参与邻避决策的内在驱动。在邻避决策中，各主体利益偏好存在一定的差异。大多数邻避项目能够增加地方财政收入，政府部门因而成为邻避项目的受益者，而某些地方政府以最低成本完成项目目标促使其与资本利益相勾结，损害其他主体利益，成为邻避冲突的首要当事人。① 企业作为邻避设施建设方与运营方，其主要目的是实现利润最大化，企业在邻避设施建设中具有合法的生产手续，其主要利益诉求是按期完成生产任务，实现预期利润。② 企业在邻避项目建造过程中的趋利性与公众、社会组织等主体的环境权益维护诉求会产生张力，导致双方的利益冲突。社会公众作为邻避抗争的主体，一方面基于环境利益导向，反对邻避设施所产生的负面外部效应；另一方面由于信息封锁和强制执行，公众对政府信任流失，从而对邻避项目产生强烈抵触。各主体的利益分歧成为邻避冲突协商治理的前提。

基于各协商主体的利益差异，邻避决策以利益调适与整合为核心。政府部门应当对环境信息、项目建设信息、风险评估内容、社会公众参与意见及处理情况等信息及时、全面的发布。同时，政府部门对环境利益及社会责任的保障

① 邱敬斌，赖世刚．邻避性设施设置协商策略比较之实验研究[J]．台湾土地研究，2007，10(1)：1-22.

② 马胜强，关海庭．社会转型期我国邻避群体性事件的形成逻辑及治理路径——基于利益相关者理论的分析视角[J]．天津行政学院学报，2018，2(2)：14.

与重视是协调利益冲突、整合各方利益的基础。政府部门对于协商主体提出的利益诉求进行罗列，筛选合理的利益诉求，综合经济效果、环境保护、社会责任等因素进行利益权衡，形成利益层次结构并将其制度化，将主体的个人利益整合为公共利益最大化的整体利益，规范协商主体利益秩序。利益整合过程中无法实现每个主体利益的完全平衡，对一方利益的优先保护都会对其他主体的利益产生损害，不可避免地会产生冲突。因此在公共利益最大化的前提下，对利益受损的主体进行综合性补偿能够最大限度地保护受损群体的利益，在此基础上的利益整合也才能够实现整体利益最大化。畅通的利益诉求渠道意味着社会公众可能出现机会主义行为，政府部门要加强对利益主体的法律约束与道德约束，引导社会公众确定合理利益目标、采取适当利益表达行为，通过合法方式获取利益，减少协商主体的机会主义行为，推动协商治理有序进行。①

三、理性认知与互信包容的协商文化

协商民主为理性地解决社会冲突提供了新的思路，而治理的有效性不仅取决于制度本身的规范性，还取决于制度的文化环境。因为，制度文化是制度外在的具体架构和内在的组织功能能否发挥成效的基础。

在比较政治学的视野中不难发现，某一项在西方发达国家被证明是行之有效的制度，到了发展中国家却无法适用。这种制度的"水土不服"表明制度本身是一个空的躯壳，而与制度相适应的文化价值观念才是制度形成的关键。一个社会需要培育出制度的文化意识，或者说是关于制度的理念，否则制度就会停留在纸面上，造成现实制度的扭曲。因此，邻避冲突协商治理模式的构建需要从协商民主文化意涵的角度去观察，还需要从这一制度模式在当下所需要的文化共识去建构。

（一）邻避冲突协商治理的文化意涵

邻避冲突协商治理是一种通过协商主体平等参与，就邻避设施建设过程中的利益冲突进行理性协商，各主体的利益整合最终达成某种更理性的认知，从而预防和消减邻避冲突危害性的过程。因此，从协商民主的视角探讨公民的政治参与行为，所要面对的核心论题就是公民对协商民主文化意涵的政治认知及其是否具有良好的协商能力，这也是协商治理能够实现的根本要件。

首先，协商文化是以公共利益和公共理性为导向的公民参与型文化。协商

① 陈宝胜．邻比冲突及其治理模式研究［M］．北京：中国社会科学出版社，2018：322.

文化的价值取向在于公共利益与公共理性，这并非简单的利益聚合而是协商主体偏好的转换。协商治理的目的是通过多元主体的信息沟通、交流，主体的偏好转换从而影响治理结果。在协商治理过程中，各主体关注自身利益的同时关注他人偏好，在达成共识的基础上才能实现共同利益。这就要求协商主体能够“超越‘市场’的私利而诉诸‘论坛’的公共利益；只有当其改善政治决策，尤其是实现公共目的时，源自主体立场的协商才是被理解为是正当的”。① 除此之外，协商主体通过对话交换彼此的公共理性，一方认真倾听和回应对方对邻避项目建设的看法和利益，他们的意见也会得到对方的认真对待。只有“当决策通过公共商讨，且参与的主体及主体代表超越了单纯的自利目的与有限观点，反映的是公共利益和公共理性时，治理决策才是合法的”。② 同时，协商文化也是一种具有现代性取向的参与型政治文化。③ 在邻避冲突协商治理实践中，公众通过对政治参与的过程体验和对理性商谈的实效感知，不断强化自己在社会公共生活中主体地位的认知，从而摆脱传统等级制下的臣民意识，以主人翁的态度参与协商过程。④ 所有的参与者逐步成长为具有明确认知、情感和价值取向，并对自己作为政治体系成员的权利、能力、责任具有积极认识和较高评价的独立个体。这种转变增进了每个公民对公共生活和特定群体的认同。他们在理性商谈的公共平台上，表达自己的偏好并聆听他人的观点，在相互的论辩中转换偏好，达成共识，从而最大限度地实现了多元主体的利益均衡。因此，协商文化营造了公民政治参与的民主氛围，也在一定程度上锻炼了公民的政治参与能力，使广大公众在参与活动过程中逐步养成现代公民文化所必备的信任、妥协、理性和宽容等品格。

其次，协商文化具有内在的合作与互信品质。在邻避冲突协商治理中，协商主体间常存在突出的利益矛盾。若协商主体都坚持己见，而不考虑其他主体的偏好与利益，协商便很难达成共识。迪戈·甘贝塔在《“Claro!”：论话语中的大男子主义》一文中指出，“许多文化相当重视一开始就在实际上对所有事

---

① 何包钢．协商民主：理论、方法和实践[M]．北京：中国社会科学出版社，2008：20.

② [美]迪戈·甘贝塔．“Claro!”：论话语中的大男子主义[J]//[美]约·埃尔斯特．协商民主：挑战与反思．周艳辉，译．北京：中央编译出版社，2009：21.

③ 许敏．基于协商民主的网络群体性事件治理研究[M]．上海：上海交通大学出版社，2015：192.

④ 吴兴智．协商民主与我国公民文化发展[EB/OL]．(2013-5-29)[2018-11-21]．http：//www.mj.org.cn/zsjs/wsxy/201305/t20130529_162356.htm.

情有着强硬的观点，它们也重视赢得争论而不是聆听以及发现有些东西可以不时地从他人那里获得。他们基本都偏向于一种权威政治而不是民主政治。”这种强硬的“大男子主义”式的文化仅仅是多元主体利益的简单聚合，对协商治理模式的形成是不利的。“在一个利益分化、文化多元化的复杂社会，政治和谐需要人们真诚的交流和沟通。”①这种“真诚的交流和沟通”意味着邻避冲突治理中的协商主体超越个体利益，以公共利益为导向，在彼此信任的基础上，根据协商治理过程中各主体的态度和偏好不断协调各方利益，以产生各方都可接受的治理决策。

（二）邻避冲突协商治理文化的塑造

从民主政治的角度来看，协商治理也面临着转型的问题，使“民主恳谈成为人们生活的一部分，而不是一阵风”②，塑造一种与协商治理模式相适应的稳定的政治文化，是协商治理模式研究的重要命题。邻避冲突协商治理需要的是一种参与型的协商文化，这一文化的塑造可从三方面着手。

第一，政府层面：摒弃传统管制型治理理念。传统管制型治理理念是影响邻避冲突协商治理实现的重要因素，它以政府主体的单元价值为取向，以单一垄断性为决策方式，将社会公众等主体置于被动服从地位，严重影响多元主体的协商地位、损害主体利益。如果说治理是政府、企业、公众等多元主体合作的过程，那么协商是实现治理目标的行动方式。在邻避冲突协商治理过程中，多元主体通过平等参与、交流协商进而达成共识，最终实现多元主体的利益共享。面对日益突出的环境风险，以政府为中心，以维护社会稳定为主要目标的传统管制型治理模式难以有效解决邻避冲突问题。因此，构建一种由政府、企业、社会公众共同参与、相互合作与制衡的风险复合型治理结构势在必行。③具体到邻避冲突协商治理中，每一个协商主体都可以提出自己对邻避冲突及其治理的观点，对于别人的意见可以提出质疑甚至反驳，自己的合理观点可能为其他主体接受，构成可被共同接受的协商决策的基础。然而，受传统管制型治理理念的影响，政府权力长期处于支配地位，政府与其他协商主体的权力不对等，无法保证不同意见的平等表达以及分歧意见的协商。因此，为了保证邻避

① 何包钢．协商民主：理论、方法和实践[M]．北京：中国社会科学出版社，2008：17.

② 邓聿文．当民主成为生活习惯[N]．学习时报，2006-05-09.

③ 王芳．合作与制衡：环境风险的复合型治理初论[J]．学习与探索，2016(5)：86-94.

冲突协商治理不依附于政府主导及强制命令来行动，必须摒弃传统管制型治理理念，倡导参与、合作、共识的协商治理理念，使多元主体在地位平等的基础上就公共事务管理中面临的挑战实现充分的沟通协调。①

其二，社会层面：信任与合作的生长。对政府、专家等协商主体长期且广泛的不信任，已经成为邻避冲突中沟通协商的最主要难题。② 邻避冲突协商治理需要在主体间相互信任的基础上开展。否则，社会公众会产生普遍的非理性情绪，对协商治理的有效性产生怀疑。Peter Mclaverty 和 Darren Halpin 在对信任与协商的论证中指出，信任的增长可以将围绕固定立场的讨价还价“转向”协商，换句话说，协商的位移发生了。③ 因此，多元协商主体间的信任是协商文化的构成要素之一，以信任关系为基础的协商治理，在协商主体间能够产生安全感，从而达成合作共识。换句话说，在一个共同体中，多元主体之间的信任水平越高，能够达成合作的可能性就越大。④ 然而，建立协商主体间相互信任的关系是一项复杂的工程，需要多元主体对公共利益目标有共同认知，并将其置于道德和制度的屏障下。建立协商制度以稳定协商主体的信任预期、增强主体间信任关系的稳定性。同时加强互信互惠的道德引导，通过教育、舆论等形式，引导社会公众在协商治理过程中作出以全局为主的利益价值选择。值得注意的是，信任也是社会资本的重要组成部分，邻避冲突协商治理是增进社会信任、培育社会资本的重要方式。帕特南的研究指出，基于信任和合作的社会资本能够促进协商主体的行为更加协调，福山也指出社会资本能够促进多元主体间的合作。“公民参与网络增加了人们在任何单独交易中进行欺骗的潜在成本……促进了交往，促进了有关个人品行的信息流通……体现的是以往合作的成功。”⑤

其三，公众层面：对分歧的承认与包容。邻避冲突是阶层分化、利益失衡

① Ansell, C., A. Gash. Collaborative governance in theory and practice[J]. Journal of Public Administration Research and Theory, 2008, 4: 123-124.

② 曾繁旭等. 风险行业的公众沟通与信任建设：以中广核为例[J]. 中国地质大学学报：社会科学版，2015(1)：68-77.

③ Peter Mclaverty, Darren Halpin. Deliberative Drift: The Emergency of Deliberative in the Policy Process[J]. International Political Science Review, 2008, 2(29): 89.

④ [美]罗伯特·D. 帕特南：使民主运转起来[M]. 王列，赖海榕，译. 南昌：江西人民出版社，2001：200.

⑤ [美]罗伯特·D. 帕特南：使民主运转起来[M]. 王列，赖海榕，译. 南昌：江西人民出版社，2001：203-204.

等深层次矛盾在邻避设施建设中的体现。“协商安排似乎有利于那些处境最好的人(他们在公共辩论中的发言最有效)而不利于那些处境最糟的人(或许他们不能合理期待能够影响那些他们受影响最大的决策)。”①因此，公众要充分认识社会矛盾的复杂性，在承认分歧的前提下，理性看待邻避冲突等社会问题，以合理、理性的方式表达自身的利益诉求。同时，公众要促进自身协商能力的成长，避免能力不足对利益表达产生的负面影响。协商治理的一大难题是主体间能否实现平等协商，在一个协商不平等的情境中，无法避免“公共性排除”(Public Exclusion)和“政治性纳入”(Political Inclusion)，而“那些无能力免于政治排除的人在公共生活中是不自由的”。② 因此，“公共行动者必须具有避免被排除在公共生活之外且避免他们的看法长期得不到重视的能力。”③协商能力的缺乏使公众容易产生不满、失望的情绪，甚至可能对社会稳定产生影响。因此，必须通过教育和氛围营造使公众对邻避冲突协商治理具有较好的政治意识与政治文化。“虽然政治文化更多的是一种观念和价值层面的，但作为协商文化，它必须要涵蕴公共协商能力不断提升与健全的价值归引”④，这是构成邻避冲突协商治理文化的基础。

四、“多边互赖型”合作网络

邻避冲突治理能力及绩效，与多元主体的协商合作网络密切相关。这种合作网络以达成利益共识为合作目标，以规范的主体行为为合作环境，以平等参与协商为合作流程，以优化资源配置为合作保障。

(一)多元主体合作关系

邻避冲突协商治理的过程也是利益整合的过程。公众在协商治理中充分表达了利益诉求，获得了凭借个体无法获得的社会资源，正是因为协商带来了利益，各主体才能通过协商，建立合作关系、达成合作共识。可见协商治理的合作关系能否建立，关键在于多元主体间利益的同构，只有达成利益共识，才能

① [美]詹姆斯·博曼．公共协商：多元主义、复杂性与民主[M]．北京：中央编译出版社，2006：18.

② [美]詹姆斯·博曼．公共协商：多元主义、复杂性与民主[M]．北京：中央编译出版社，2006：126.

③ [美]詹姆斯·博曼．公共协商：多元主义、复杂性与民主[M]．北京：中央编译出版社，2006：95.

④ 徐理响．协商文化：公民文化的话语转向——兼论中国式协商文化[J]．求实，2011(3)：62.

形成“多边互赖型”合作网络并实现合作的发展目标。

“参与主体利益的高度冲突性可能是导致偏好分歧的原因，但这并不必然是合作的障碍。相反，因为分歧导致的政策僵局往往能为参与主体的合作提供动力。”①在邻避冲突治理中，几乎没有一个行动者拥有足够的权威可以完全漠视其他行动者。协商治理各主体之间存在一定的互赖性，这种互赖性使得各主体必须在合作的基础上实现自己的利益。这成为他们参与邻避冲突协商治理的动机所在，同时这种互赖性也确保协商过程和协商结果不被任何一方操纵。

将多元主体纳入政治系统，并实现异见与分歧的收敛，这是协商合作的理想状态。既冲突又互赖的利益关系是多元主体协商合作的必要条件，它决定了多元主体协商合作的路径和可能，即通过持续沟通与交流，改变主体间的信息分布和权力关系，从而在信息共享和权力制衡的基础上不断修正利益偏好、达成合作共识。需要说明的是，邻避冲突协商治理中各主体的偏好并不是固定不变的，而是可建构的。因此，相应的机制设计不仅要能容纳所有邻避冲突利益相关者的偏好，更要通过主体间的沟通和交流实现对个体偏好的聚合和趋同，以形成关乎共同价值的群体偏好。

在邻避冲突协商治理过程中，政府要主动吸纳利益相关者，通过持续、深入、理性的互动，共同界定讨论议题、明确目标、设计和选择治理方案，从而改变对邻避问题的认知。这种协商方式既可以避免简单的偏好与利益集聚，也可以最大限度地过滤私人利益和非理性，使多元主体在不断调整自身利益偏好的基础上形成偏好趋同。值得关注的是，邻避冲突治理实践中存在多元主体通过签订承诺书或采取投票方式达成“虚假合作”的行为。这种迫于压力达成的消极合作导致重要事实被忽略、价值上的差异被消解，即便形成了一致性意见，也不是真正的合作。因此，多元主体合作关系是基于协商的偏好转变和共识达成而形成的。

（二）合作网络构建策略

邻避冲突的背景要素是非常重要的②，构建多元主体协商治理合作网络的要素包括风险认知、信息沟通、信任构建、资源保障等。邻避冲突中各主体对邻避设施的风险认知存在差异。基于风险认知的差异，高风险或污染型邻避设

① Ansell, C. & Gash, A.. Collaborative governance in theory and practice[J]. Journal of Public Administration Research and Theory, 2007(18): 543-571.

② M. E. Kraft. Environment Policy and Politics: Toward the 21st Century[M]. New York: Harper Collins, 1996: 288.

施会遭到公众的反对，经济补偿也无济于事。[①] 充分的信息沟通以及因此构建的互动模式是协商治理的重要路径。邻避冲突协商治理过程中，信息传递渠道的畅通、沟通方式的合理选择是促成多元主体达成共识、统一行动的基本条件。

将信任整合进风险管理有利于规避冲突。[②] 公众对邻避设施的风险感知较高，对政府及专家的解释信任度较低，这使公众认为政府、企业、专家会形成联盟，这样的不信任会增加多元主体间的矛盾与冲突。因此，利益相关者间的相互信任是构建合作网络的关键。社会资源的掌握与运用能力也是影响多元主体合作网络构建的重要因素。能够调度较多社会资源的主体，往往能够在邻避冲突中掌握主动权。而公众在邻避冲突协商治理中常处于被动地位，常被认为是被治理的对象，一个很重要的原因是公众所掌握和调度的社会资源较少，公众争取社会资源的支持是提升其协商地位、构建平等互赖合作网络的重要途径。

协商是一种制度均衡，是理性个体相互理解偏好和选择行为基础上的一种结果。[③] 多元主体的协商合作是理性的利益相关者为实现自身目标在互动交流中寻找利益平衡点的过程。多元主体协商合作网络的构建聚焦多元主体的行为选择和资源依赖，从合作基础、合作环境、合作流程、合作保障四方面入手，如图 6-1 所示。

第一，合作网络目标——达成利益共识。利益多元化背景下，各主体利益诉求不一致，协商治理主张吸纳不同的观点，通过协商与论辩调整利益偏好，达成合作共识。不同观点的融合是协商民主的理想，这种理想使所有参与主体因为同一原因而同意，它只要求在统一协商过程中，各主体能够持续合作与妥协。[④] 认知层面强调利益相关者之间形成统一的行动方向，这是偏好转换与利益整合的前提。邻避冲突协商治理合作网络是建立在政府、企业、专家、公众收益共享、风险共担基础上的利益博弈平台，要充分保证多元主体，尤其是弱

① H. Kunreuther, K. Fitzgerald & T. D. Aarts. Siting Noxious Facilities: A Test of the Facility Sitting Credo[J]. Risk Analysis, 1993, 13(13): 301-318.

② R. E. Lofstedt. Risk Management in Post-Trust Societies [M]. London: Pelgrave MacMillan, 2005: 148-150.

③ [美]埃莉诺·奥斯特罗姆等．公共服务的制度建构[M]．宋全喜等，译．上海：上海三联书店出版社，2000：323-329.

④ Bohman, J.. Public Deliberation and Cultural Pluralism, Public Deliberation: Pluralism, Complexity and Democracy[M]. Cambridge Mass.: MIT Press, 1996: 89.

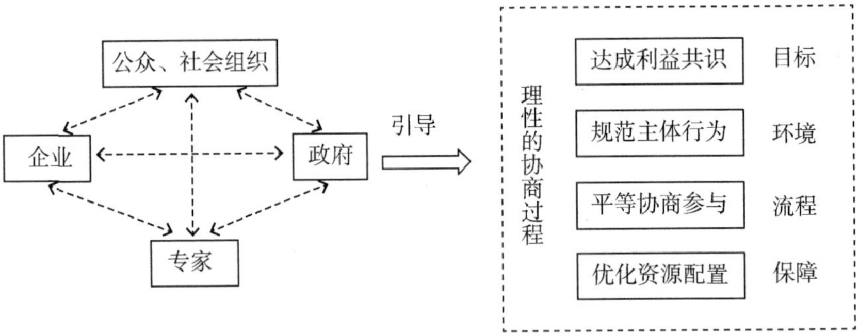

图 6-1　邻避冲突协商治理合作网络

势主体利益表达，实现充分的讨论与对话，保证协商合作过程的动态平衡，是多元主体持续合作的基本条件。

第二，合作网络环境——规范的主体行为。规范的主体行为是协商治理合作网络构建的关键条件。由于公共权力的肆意扩张与膨胀，多元主体的协商过程并没有充分体现平等、包容的特点，基于公共利益讨论的合作协商也难以实现。具体而言，多元主体合作应当在规范行为的环境下进行。一方面，政府部门应当加强法律法规的完善，规范不同主体的权力行使，尤其要保障弱势主体的利益诉求权、参与权与监督权，为多元主体平等合作提供法治保障；另一方面，政府部门应当营造良好的合作环境和协商秩序，强化协商文化在合作网络中的作用，约束多元主体在邻避项目收益共享中的竞争与合作关系，建立严格的契约制度，对生产企业邻避项目的风险、收益、规范等方面进行监管。

第三，合作流程——平等的协商参与。协商治理能够使多元主体达到集体理性反思的结果，平等的协商参与是主体间持续合作的关键，合作的有效性需要通过协商主体的充分互动来实现。多元主体协商作出决策，即进行民主协商，推动偏好与价值转换，引进聚合程序，使转换后的偏好聚合成为结果。①当合作过程中出现无法达成共识的情况，可以通过多元主体合作的民主仲裁来解决。需要注意的是，协商治理合作网络要确保参与主体的多元化与代表性，同时互动过程中切实保障主体间的平等地位，尤其是弱势主体对决策的影响程度。在平等协商过程中，政府、企业要注重对弱势主体意见的回应与接纳。同

① ［南非］登特里维斯．作为公共协商的民主［M］．王英津等，译．北京：中央编译出版社，2006：24.

时，协商治理在持续的合作过程中实现利益相关者利益均衡，但也要防止对均衡路径的依赖。

第四，合作保障——优化资源配置。邻避冲突协商治理通过谈判、协商、利益调适达成社会目标的共识，并通过相互合作、统一行动，最大限度地实现公共利益。协商治理是基于协商的多元主体共治，它强调邻避冲突的所有利益相关者都具有平等的参与、协商的权力。有效的协商治理需要实现资源的最优配置，尤其是弱势主体应当拥有更有效的社会资源，提升其协商能力，从而提升多元主体为实现公共利益而合作共治的公共精神。优化多元主体的社会资源包括：首先要优化主体的组织资源。相应的组织能够为公众提供对话、协商平台，是联结公众与政府的纽带，组织资源的优化配置有助于实现其协商能力的提高，从而对强势主体形成强有力的抗衡。其次要优化经济资源。经济资源一定程度上决定着多元主体的权力，促进区域经济平衡发展是提升弱势主体协商能力、保障其平等协商地位的重要方面。最后要优化文化资源。创造文化软环境、优化文化资源对多元主体平等协商、合作共治具有促进作用。加强文化教育，提倡平等协商文化，促进多元主体理解并接纳文化多元与利益差异，促进各利益相关者自觉地利益调适与自律，切实保障各参与者的平等地位，最终在谈判与协商的基础上达成合作共识。

第二节　邻避冲突协商治理的运作机制

邻避冲突源于邻避风险感知差异和封闭式邻避决策，当公众的诉求未被有效吸纳和满足时，公众将采取抗争行动施加外部压力，公众邻避抗争的焦点是邻避设施风险分担与利益受损者补偿激励。因此，邻避冲突协商治理主要针对邻避设施选址规划、邻避设施风险分担、利益受损者补偿激励等议题，协商治理机制包括信息公开与风险沟通、平等论辩与差异包容、反思内化与协商结果的落实，具体涉及协商议题的确认、协商式民意调查、协商式共公共论坛、协商结果的落实、协商后的反馈等内容。

一、信息公开与风险沟通

达尔认为，使公民有机会对政治事务获得充分的知情，这既是民主本身的部分内容，又是民主的前提条件之一。① 在协商治理过程中，各方主体对相关

① [美]罗伯特·达尔．论民主[M]．李柏光，林猛，译．北京：商务印书馆，1999：86.

信息的获取和占有情况是平等讨论、理性协商顺利开展的重要前提。

在邻避冲突治理中，由于受资源占有、信息获取能力等诸多因素的限制，各方主体对邻避设施相关信息的获取和占有情况极不对称，处于弱势地位的公众对邻避项目的相关信息知之甚少，与处于强势地位的掌握着充分信息资源的政府形成鲜明对比。信息鸿沟破坏了二者之间的信任关系，使公众对政府关于邻避项目的决策过程是否公正、决策结果是否公平产生怀疑。为了维护自身的合法权益，公众会积极通过非正式渠道（谣言、小道消息）搜寻邻避项目的相关信息，以此改变信息极度匮乏的状态。这些复杂且真假未知的信息在利益相关者群体中通过熟人关系构建的非正式网络广泛传播，往往能够获得较高的社会认同，其结果是消解了公众对政府的信任，增加了邻避冲突的治理难度。因此，在邻避项目规划初期，就应当做到项目信息全公开，保障信息传递的通畅。

邻避项目信息可以通过新闻媒体、政府网站进行公开，还可以通过听证会、专家交流会等形式进行信息传递与交流。在内容上，邻避项目信息公开不仅要求政府部门向公众发布邻避项目的立项、编制、审议、批准、选址、风险评估、决策等信息及材料，还要求政府将邻避项目规划讨论的目的、准则等予以公开，并在讨论过程中就各主体的疑问进行解答。

政府在前期邻避项目规划中除了要健全信息公开制度，还要加强风险沟通，因为公众对项目知识尤其是风险知识的认知程度，决定了人们对待邻避设施的态度及行动。20 世纪 80 年代开始，风险沟通开始用于环境风险冲突事件，它是“个人、团体、机构间交换信息和意见的互动过程；不仅传递风险信息，还包括各方对风险的关注和反应，以及发布官方在风险管理方面的政策和措施”。[①] 在现实中，邻避设施的风险主要包含三个方面：第一，环境风险，即邻避设施的排放物对公众周边生态环境的污染。第二，经济风险，即邻避设施的兴建给周边社区带来的经济利益受损的不确定性。第三，名誉损失，指邻避设施的兴建给周边社区带来的被标签化的不确定性，如污名化等。这些风险既是客观存在的，也是主观建构的。在邻避项目规划过程中，政府、企业、专家、公众之间的风险沟通对公众自我建构感知风险起到了关键性作用。为了防止感知风险不断显化和积累，甚至演变为冲突事件，要通过公众意见的表达与吸纳和多元主体的互动回应实现有效的风险沟通。

---

① Committee on Risk Perception and Communication National Research Council. Improving Risk Communication[M]. Washington D C：National Academy Press，1989：21.

（一）公众意见的表达与吸纳

公众意见的表达与吸纳需要注重三方面内容：一是公开的意见表达。多元主体参与协商治理的基础是能够公开进行讨论，这样的公开讨论有利于防范政府、专家等主体的主导决策与隐蔽交易，同时促进多元主体邻避风险感知偏差的调整。二是平等的利益表达。平等的利益表达是防范强势主体忽视弱势群体利益，保障弱势群体利益的前提。三是程序化表达方式与非程序化表达方式的结合。程序化表达通过正式的、制度化的渠道将社会公众意见吸纳进入正式的政策议程，非程序化表达是将基层意见整合后通过程序化渠道进入议程中，两种表达方式的结合促进协商主体的多渠道交流。基于此，邻避风险沟通中公众意见的表达与吸纳既要依托社会主义协商民主体系，完善传统的行政协商与意见征询制度，如听证制度、社情民意反映制度，还要积极引入科学的协商方法与技术，从而形成制度化与非制度化相结合的民意耦合机制。

1. 完善听证制度

听证制度是公众参与风险沟通的有效方式，也是社会主义协商民主的制度载体。党的十八大报告首次提出并系统论述了健全社会主义协商民主制度。在这一制度下，通过国家政权机关、政协组织、党派团体等渠道，就经济社会发展重大问题和涉及群众切身利益的实际问题广泛协商、增进共识。当前听证制度已作重大项目审批和重大行政决策的法定程序，但听证制度仍存在听证人员代表性差、听证形式化、听证缺乏法治保障等问题。尤其在一些重大邻避项目规划中，虽然政府启动了听证程序，但人大代表、政协委员、劳动模范、高级公务员等社会精英往往成为听证代表的首选对象，邻避设施选址标的地区周边的普通公众较少有机会参与决策听证。因此，政府要根据法律法规和工作实际，在探索制定并公布协商事项目录的基础上，完善公开听证制度：一是明确听证的程序与规则，即在听证会召开前向社会公开听证信息，保证公众的知情权，同时，通过网络、电视直播等形式公开听证的过程和结果，以接受社会监督并取得社会信任。二是合理确定听证代表的比例和来源，确保听证会代表的广泛性，促进各方平等、充分的风险沟通。三是明确听证结果的效力，应当以法律形式明确听证会上各方意见表达形成的听证结果对邻避决策的影响力，防止公众意见表达只是作为邻避决策科学化、民主化的证明手段，而没有被实质性地吸纳至决策系统。

2. 社情民意反映制度

反映社情民意信息，是政协一项重要的经常性工作，对于促进协商民主建设和强化舆情收集分析具有积极作用。政协组织要以政协委员为主体，依托党派、专门委员会和界别，及时收集社会各阶层对政治、经济、文化和社会发展等方面的看法和主张。作为公众意见表达与吸纳的重要途径。目前，社情民意反映缺少在基层的联系渠道，紧密联系基层群众的工作机制还不健全，基层群众关于邻避设施选址决策的意见及其利益诉求无法通过这一制度化渠道有效传递。因此，政府部门要加强反映社情民意信息联系点的建设，尤其在街镇一级要建立相关工作机构，使关于邻避项目规划的社情民意能够畅通、安全、快捷的传递。同时，要建立反映社情民意信息情况分析机制。一方面，广大政协委员和相关单位应要对收集到的关于邻避项目规划的社情民意信息进行审核，在深入调研的基础上，及时报送相关信息；另一方面，对社情民意信息的办理情况进行督查，对办理结果进行通报，从而强化社情民意反映制度在促进公众意见表达和吸纳中的作用。

3. 协商式民意调查

协商式民意调查(Deliberative Polling)，也称作协商式民意测验，它是由斯坦福大学菲什金(James S. Fishkin)教授设计的一种协商民主操作技术。开展关于邻避设施选址的民意调查的目的有二：一是采集公众对邻避设施建设的意见；二是赋予公众了解公共议题的机会，让公众认识不同的观点及其后果，在审慎思考后作出判断。协商民意调查可以解决政府和公众在邻避设施选址决策阶段信息沟通不畅的问题，使公众感受到平等参与、理性协商的价值。

不同于传统重大项目社会稳定风险评估中“遮遮掩掩”和“走过场”式的民意调查，协商式民意调查通过组织协商会议把受邻避设施影响(包括正面影响和负面影响)的公众、拥有设施选址决策权的政府官员、邻避设施项目的开发商等利益相关方和具备专业知识的第三方专家聚集起来，进行面对面的协商，促进了邻避设施选址决策过程的平等性和协商性，保障了公民权利和决策质量。① 其操作程序如下。

首先，依据邻避设施的性质与特点，确定受邻避设施影响(包括正面影响和负面影响)的地区和人群，采取简单随机抽样方式，在每一群体中选择一定数量的代表参与调查，以保证公众观点的均衡。对调查对象进行第一次问卷调查，内容包括：公众对邻避设施建设信息的掌握情况、公众对邻避设施建设的态度。

其次，制作并派发关于邻避设施的介绍资料。邻避设施的介绍资料需经政

① 马奔，李婷．协商式民意调查：邻避设施选址决策中的公民参与协商方式[J]．新视野，2015(4)：17-21.

府专业委员会审查，以确保信息的客观性和专业性。介绍材料需要包括以下内容：政府开展邻避设施建设的原因、公众对邻避设施建设不同意见的梳理、专家对邻避设施建设的专业性意见、有关邻避设施的一般性知识。

再次，基于公众对邻避设施介绍资料的理解，开展第二次问卷调查，以把握公众对邻避设施建设意见和态度的变化。在第二次问卷调查结束后，组织随机抽样的参与者开展小组讨论，在分组中将持不同观点（支持派与反对派）的公众分成不同小组。参与者就竞争性观点和焦点问题表达意见并阐明理由。政府人员、专家、邻避设施运营企业可以对其中的关键问题进行解释说明。

最后，在小组会议结束后开展第三次问卷调查，测量参与者在协商前后的认知与态度变化。通过电视、报纸、政府网站等途径将协商民意调查过程及结果向公众公开。

协商民意调查这一科学的制度设计，不仅仅通过采集和测量民意，为邻避设施选址决策的民主化奠定了基础，更创设了一个审慎思考的空间和环境，使民意超越个体私利，向更好的公共理性转变。协商式民意调查可以由专门的政府机构设定需要调查的具体项目，委托民间调查机构进行实际操作、执行，最终将民意调查结果所体现出的民情民意作为邻避设施选址决策的依据之一。

（二）政府回应

作为矛盾协调与利益的整合方，政府应当对各主体的疑虑作出有效回应，尤其是要对公众所倡导的政策变革的接纳和对公众提出的诉求及时作出反应，并积极采取措施解决问题。① 邻避冲突协商治理的政府回应制度是政府与社会良好合作关系的体现。加强政府部门的回应需要建立协商议题的确认机制，制定专业的风险判断与沟通方案、完善政府邻避决策责任制度。

1. 协商议题的确认

基于社情民意信息采集和协商式民意调查的结果，政府相关部门要组织专题研讨，准确把握公众利益诉求，提炼影响多元主体共识达成的关键问题，并将其转化为邻避设施选址决策中的重要协商议题。在此基础上，政府确定参与协商的各类主体，并通过电视报刊、广播、官方门户网站、网络议政平台等多种渠道对协商议题进行有针对性的解释和说明，以增强协商工作与社会公众意见的呼应度。

2. 风险研判与风险沟通方案的制订

在邻避项目选址规划阶段，政府部门及相关企业要作出专业的风险判断并

① 张成福．公共管理学[M]．北京：中国人民大学出版社，2001：324-325.

制订有效的沟通方案，与公众就邻避项目的环境风险、经济风险等进行沟通。同时，及时公开邻避项目的风险水平及防范措施，这有助于最大限度地消减邻避风险认知上的冲突。政府部门与公众的风险沟通有助于政府了解公众关切的问题与可能的担忧，从而为政府部门的沟通方向提供指引。除此之外，政府对邻避设施风险的回应还能够促进公众掌握邻避设施专业知识，防止谣言传播，减少公众的疑虑和担忧。

3. 政府邻避决策责任制度

政府邻避决策责任是政府作为行政主体在邻避决策活动中应当承担的责任和义务。政府部门要严格依照《重大行政决策程序暂行条例》，把公众参与、专家论证、风险评估、合法性审查、集体讨论决定作为邻避决策的基本环节，对决策机关违反规定造成决策严重失误，或者依法应当及时作出决策而久拖不决，造成重大损失、恶劣影响的，倒查责任并实行责任追究。

二、平等论辩与差异包容

协商治理的核心是为多元主体提供对话的平台和规则，促成多元主体持续沟通与互动，从而达成协商共识。这需要保障各主体的表达权和论辩权，在充分反映和吸纳各方利益诉求的基础上，形成平等论辩与差异包容的机制。

(一)平等论辩的平台

从经济学角度看，边际收益、边际成本在设施周边公众与全社会之间存在巨大偏离①，这种偏离导致政府部门、邻避设施运营企业与周边公众之间出现利益失衡。传统管制型邻避冲突治理模式将公众排斥在决策系统之外，形成政府部门与企业之间的利益权衡，引发了公众的抗争行动。邻避冲突协商治理强调多元主体的协商合作。其中，意见表达是协商的第一步，协商参与者充分表达意见，为后续的意见讨论和思想交锋做好铺垫。在了解各方的诉求后，协商的第二步就是鼓励和引导各协商主体围绕协商议题展开深入讨论，继而实现偏好转换。政府相关部门通过对焦点问题的把握和提炼，为协商设置议程。具体的协商可依托开放式决策和协商论坛等平台展开。

第一，吸纳社会力量参与开放式决策。在邻避冲突治理中，涉及的决策问题主要包括：是否一定要在该区域建设相应的邻避设施；邻避设施建设的选址、立项、建设、运营等是否合法；邻避设施对环境价值和公众身体健康的影响等。邻避冲突协商治理应当“尽可能采取令公众惬意的方式而非强制性措施

① 金通．垃圾处理产业中的邻避现象探析[J]．当代财经，2007(5)：78-80.

来推行政策"①，从邻避问题构建出发，吸纳与该决策问题有关的利益相关者，增进多元主体交流协商，引导多元主体在决策问题上达成共识。在此基础上，进一步从项目设计、建造、运营、监督的全过程充分吸纳社会力量的参与，不断深化开放式决策制度。

第二，保障多元主体利益诉求的平等、充分表达。简单地认为协商治理是大多数人较为一致的意见，将忽视对对立观点的理解与思考。这样的决策模式会导致"决策问题表述不清楚、决策依据标准不一致、决策价值冲突不妥协以及决策参与地位不平等"。② 邻避冲突协商治理的实现，必须要疏通多元主体利益诉求渠道，构建平等的交流论辩平台。具体来说，首先应当改变垄断决策的观念，注重决策过程中不同群体利益诉求的反映，给予他们充分、平等的意见表达机会，保证决策的合法性、合理性。其次要构建规范的邻避决策制度，以平等交流、充分协商、开放决策为原则，运用共识会议、公民陪审团等操作方法③，形成协商式决策的基本程序。

第三，构建协商合作的公共论坛。充分的利益表达、平等的论辩是预防和消减邻避冲突的关键。对于政府部门而言，需要构建一个协商合作的公共论坛，具体形式包括议事会、市民论坛、网络问政平台等。在公共论坛中，每一个参与者都可以表达自己的意见与态度，也可以就其他主体的观点进行反驳与辩论，但自身意见的表达与对他方的反对都应当给出相应的理由，以便其他主体的审视，同时也要参照其他主体的意见，尊重每一位利益相关者的诉求，在论辩过程中实现利益协调，达成一致共识。哈贝马斯高度评价了平等论辩的价值，"本来意义上的公共性是一种民主原则，这不是因为有了公共性，每个人一般都有平等的机会来表达个人倾向、愿望和信念——即意见；只有当这些人的意见通过公众批判而成为公众舆论时，公共性才能实现。"④通过平等的辩论，聚集的社会公众意见在公共理性的指引下逐渐融合，进而形成能够代表各方利益的社会公意。

---

① 谭翀．"政策营销"：源流、概念、模式与局限[J]．中国行政管理，2013(12)：28-32.

② 张乐，童星．"邻避"冲突管理中的决策困境及其解决思路[J]．中国行政管理，2014(4)：109-113.

③ 马奔．协商民主：民主理论的变迁与实践[M]．济南：山东大学出版社，2014：56-60.

④ [德]哈贝马斯．公共领域的结构转型[M]．曹卫东等，译．上海：上海学林出版社，1999：1-20.

协商合作的公共论坛就是这样一种推动社会公众深入参与公共生活的交流平台。在协商过程中，是否达成一致决策并不是最重要的，因为在短期内复杂、深刻的利益矛盾是难以通过参与公共论坛而根本消除。公共论坛的协商目标应定位于偏好的转变和更好公共理性的形成。协商民主认为，偏好应当由有思想、有能力的公民(或他们的代表们)通过协商生成，这种协商就是协商治理的关键所在，而偏好可经由协商得到转变。政府与企业、公众等主体之间的协商，可以起到平抑激动情绪、引导理性思考的作用。通过对各种意见的协商式疏导，参与者之间可以就邻避冲突达成某种更理性的认知，从而防范邻避冲突事件的升级、扩大。

(二)包容差异的协商

协商民主是一种“参与式民主的政策科学”，它不同于有精英分子控制政策过程的独裁式政策科学，也不同于以简单多数决定和依靠政治力量大小分配好处给利益团体的“自由主义式民主的政策科学”，它反对金钱和权力的控制，力求避免精英的操纵和“无政府的闲扯”，强调政策包容与尊重差异，以协商的方式将公民的利益诉求制度化地吸纳到政策议程中。这意味着每个与政策有关的公民可以作为协商的参与者提出观点、进行辩论，并享有最后决定的机会。他们在对有关政策问题、政策方案的讨论过程中，不断从分歧中通过偏好转换来逐步达成共识。

邻避冲突协商治理平等公正地对待不同利益群体的合法利益与合理要求。如何在邻避冲突协商治理中实现对差异的包容呢？可以采取以下三种途径：一是原有利益与价值的妥协，重叠共识的拓展，实现共赢。二是建构容纳分歧的新协商框架，使各方主体都能在新框架中实现价值、获得尊严。三是找到新的具有正当性的理由或价值，促进更高层次的发展。① 而这种包容差异下的协商，并不是要求一方主体毫无原则地放弃既有利益，而是主张通过交流和论辩，以更好的公共理性超越情绪化的利益表达和极端化的个体认知，从而扩展协商共识的范围，实现个体偏好的转移。总之，“民主是一种通过讨论来实现的统治”。协商讨论形成的“多数决议……一般都是不能令任何人感到完全满意的妥协之物”。② 而每一方又都因为理性的公开参与和利益或价值的部分体

---

① 王洪树，张玉芳．协商合作：一种重要的民主政治运作形式[J]．中国人民政协理论研究会会刊，2010(2)：10-12.

② ［英］哈耶克著．自由秩序原理(上)[M]．邓正来，译．上海：上海三联书店出版社，1997：134-135.

现而认同和执行着邻避冲突协商治理的决议。这样，包容差异的精神在协商合作中的实现，就形成了更好的公共理性、道德框架的多元理解和政治制度的多元安排并存的社会政治生态。① 邻避冲突协商治理的实效性也因此有所增强。

三、利益整合与补偿激励

邻避冲突体现了公共利益和私人利益、环境利益与经济利益、强势集团利益与弱势群体利益之间的矛盾。多元主体的利益关系复杂，各自采取不同的手段以实现自身利益，造成彼此之间的利益冲突。在邻避冲突协商治理中，主体地位不平等增加了利益整合的难度，邻避冲突协商治理的关键就是，对各主体的利益需求进行引导和约束，通过补偿激励等手段整合利益关系，实现各主体利益的协调和均衡。

（一）多主体利益引导

利益引导是利益整合机制发挥作用的基础，其目的在于促进多元主体形成正确的利益观。在邻避冲突治理过程中，公众更多的是在个体经济理性的影响下，追求自身利益的最大化，无法有效地协调公共利益与自身利益之间的矛盾，增加了邻避冲突协商治理中利益整合的难度。根据克里基恩等人的研究成果，依靠一系列对话、协商的途径，整合价值认知，增强角色间资源、信息、知识的互补，可以引导利益诉求。② 这需要政府积极引导不同协商主体理性看待各方的利益需求，确定合理的利益目标，相互包容，达成公共利益共识。同时，引导协商主体长期持续地合作以维护和增进公共利益，“使民意表达始终富于理性、与正义和谐一致”。③

多元协商主体能否从协商合作中获益及其程度如何，决定了各主体是否愿意协商合作。因此，政府在利益引导过程中，要保障各主体在协商中获益，尤其注重考虑弱势群体的利益需求，使多元主体在利益驱动下增强协商意愿。

（二）多主体利益约束

有效地规范、约束多元主体的利益需求，是邻避冲突协商治理中利益整合的关键。从邻避冲突的现实发展来看，“闹大”似乎成为我国邻避设施周边群

---

① 王洪树，张玉芳．协商合作：一种重要的民主政治运作形式[J]．中国人民政协理论研究会会刊，2010(2)：10-12.

② Klijn E.，Klppenjan，J.，and Termeer，K.．Managing Networks in the Public Sector：A Theoretical Study of Management Strategies in Policy Networks[J]．Public Administration，1995，73(3)：442.

③ 胡东，李雪洋．关于民意的民主性思考[J]．政治学研究，2006(2)：44-51.

众抗争行动的基本逻辑。“为权利而斗争”这一激情的口号契合了民众的抗争思维，如果不对其利益诉求进行规范和约束，将会激发社会公众对“闹大”行为的想象，并导致“维权”行为异化为“谋利”行为。

在邻避冲突协商治理中，政府要明确规定利益相关者的法定权益，通过赋予公众代表在立项提议、议程设定、话语权掌握和信息占有等方面的权利，来约束和规范公众利益诉求，避免制度外非理性的抗争行动。此外，政府要制定邻避项目选址、冲突解决的制度规范，避免政府部门与生产企业单方的决策，使单向决策模式转向真正意义上的开放协商决策模式，引导各主体以协商方式获取合理利益。同时，政府要建立各种防止和惩戒机会主义行为的制度，严惩协商过程中的各种机会主义行为和道德陷阱，增加机会主义行为的边际成本和机会成本，强化对利益主体的法律约束。

合理、全面的补偿激励是增强邻避设施可接受性的重要手段，也是防止邻避抗争行为向大规模群体性事件演化的关键。邻避冲突治理中的补偿激励机制是基于多元主体追求自身利益，对可能产生或已经产生的危害与损失进行的评估、补偿。对邻避冲突中利益受损群体进行补偿激励的理由在于，邻避设施具有成本效益分布不均衡的特性，邻避设施产生的效益由社会共同享有，而相应的成本与风险却要设施选址周边的公众承担。合理补偿激励能够在一定程度上缓解环境不正义的现象，保障政府对必要的邻避设施的供给，从而消除或减缓公众反对邻避设施设址的强度。虽然有观点认为使用补偿机制会对公民精神和公民责任产生挤出效应①，滋生道德风险与机会主义行为，但相关研究表明，邻避项目建设过程中合理的补偿措施有助于达成协商共识，提高邻避项目的成功率。②

不同于传统管制型治理模式下，由政府单方面决定邻避设施负外部性影响的补偿标准和补偿方式，邻避冲突协商治理主张兼顾不同主体的利益，在充分的协商和互动基础上达成利益补偿的共识。第一，提升政府部门利益补偿意识，在邻避项目规划时充分考虑、重视利益相关者的权益，引入第三方对邻避项目的负外部性影响进行评估，将利益补偿纳入财政预算，制订完善的利益补

① Field, P., Raiffa, H. &Susskind, L.. Risk and Justice. Rethinking the Concept of Compensation[J]. Annals of American Academy of Political and Social Science,. 1996, 15(545): 156-164.

② Frey, B.S., Oberholzer - Gee, F. &Eichenberge, R.. The Old Lady Visits Your Backyard: A Tale of Morals and Markets[J]. The Journal of Political Economy, 1996, 16(104): 1297-1313.

偿方案。第二，建立利益补偿激励的协商机制。充分听取各方意见，加强对补偿方式及标准等问题的沟通协商，促进多元主体良性互动。第三，根据邻避项目的特征，探索建立以经济补偿为主，心理补偿与生态环境补偿为辅的综合性补偿办法，既减轻设施周边民众的经济损失，也满足民众的价值情感诉求，从而消减邻避情结的负面影响。

四、反思内化与协商结果的落实

在邻避冲突治理过程中，要使问题得到根本解决，事后的反思内化和落实反馈显得尤为可贵。这就需要政府在调适各主体利益关系，达成邻避项目决策和邻避冲突解决方案的基础上，加强协商结果的运用及协商后的反馈，使多元主体在相互尊重和理解对方的立场上，共同维护和实现最大包容性的公共利益。

(一)政府对协商结果的落实与反馈

协商结果能否被决策部门采纳实施，关系到协商的实际成效问题。要解决这一问题，就要明确谁来落实、如何反馈。首先，政府部门应建立协商结果转化运用的督办机制，及时组织相关部门推进协商结果的落实，落实情况要在规定期限内通过政府门户网站、网络公共论坛、政务微博、邻避设施设址所在地居委会等渠道公开，接受公众监督。其次，建立协商结果反馈和追踪模式，形成协商主体主动关注、了解甚至介入协商结果处理的机制，对协商过程中持不同意见的公众，政府要及时做好解释说明工作。最后，建立协商结果落实评议制度，以邻避设施运营企业、邻避设施周边公众为对象，重点围绕邻避冲突协商治理问题的聚焦度、共识约束度和效果可测度，对协商结果落实情况开展满意度测评，形成公众参与邻避冲突治理的完整制度程序和参与实践，使邻避冲突协商治理既有制度化保障，又有实际性成果。

(二)公民个体对协商结果的反思内化

在英文中，Deliberative 主要有两重含义：一为审慎的、深思熟虑的；二为讨论、评议。前者侧重个体的反思，后者偏向于众人的讨论。政府、企业公众等多元主体经过公共讨论和利益整合，人们的利益偏好转向被“最好的理由”说服，最终达成共识。但偏好的转变和共识的达成并不是一蹴而就的，未经个体反思的协商结果具有较强的暂时性和不稳定性。由于多元主体在协商互动中只留下重叠共识的空间，他们无法跳出常规的讨论和对话框架，实现审慎的思考和深思熟虑的判断。因此，一旦出现更大的功利性诱惑，作为理性人的个体可能会有新的转向。在这种情况下，对协商结果的个体反思就显得尤其重要。

反思性协商通过增加个体反思的时间来提高理解程度和协商深度，从而增强协商结果的稳定性。

社会心理学家凯尔曼提出了态度改变的三阶段理论，认为一个人态度的改变要经过服从、认同、内化三个阶段。① 在邻避冲突协商治理中，公众对协商结果的服从具有一定的功利性色彩，他们或是为了得到利益，或是迫于压力，选择与集体一致的行为。出于利益追求或个体保护进行的妥协是一种合理的选择，但由于个体态度的变化并没有与其内在的价值观相统一，公众虽然在讨论中尊重他人、理解他人，将公共利益与个体私利比较与衡量，但对邻避冲突协商治理结果缺乏以公共理性和公共利益为目标的认同基础。

因此，公众有必要通过反思，将协商结果的观点、态度完全纳入自己的价值体系之中，这需要有理有据的说服性解释，同时也需要自身理性的思考。可以说，以内化为表现的态度转变最接近公共理性，经过理性的思考成为自己价值体系的一部分，因而也最为稳定，也符合协商民主追求合理决策的理想形态。②

在协商结果初步达成的阶段，政府一方面要持续开展关于邻避项目冲突争议焦点的解释性工作；另一方面，要赋予公众进一步搜索信息、独立内省，进而形成观点的机会，必要时进一步推进各方在该邻避议题上的协商对话。如果公众偏好的转变止步于服从或认同，那么不稳定因素很有可能成为改变行为的障碍。而在反思内化基础上的偏好转变能够促进协商讨论的深化，从而强化邻避冲突协商治理的成效。

第三节　邻避冲突协商治理的实践进路

在“强增长、弱治理”中国式发展进程中，地方政府面临着与日俱增的公民集体行动的威胁，传统政府管制型治理模式使邻避冲突治理陷入“治标不治本”“成本递增收益递减”的怪圈。“协商治理建立起了上下互动、权力双向运行的治理机制，通过合作、协商等方式实施了对公共议题的有效治理。”③近年

① 全国十三所高等院校《社会心理学》编写组．社会心理学[M]．天津：南开大学出版社，1990：145.

② 何包钢，王慧．罗伯特·E. 古丁的“反思性协商民主”模式[J]．中国人民大学学报，2012(6)：58-62.

③ 胡象明，齐磊．国家治理现代化的本土化价值与实践逻辑[J]．河南师范大学学报(哲学社会科学版)，2017(5)：1-6.

来，一些地方政府，在协商民主精神的倡导下，开始探索建立一种公开、平等、包容、理性的协商治理机制，最终疏解了地方政府治理困境，改善了邻避冲突治理绩效。然而，推动邻避冲突治理从管制到协商的转变，既需要加强协商治理模式、机制、规范、流程等顶层设计，还需要推动多样化的协商治理实践向内生性政治秩序的变迁，这关系到邻避冲突协商治理能否进入既有的政治体系，并产生持久的影响力。

从邻避冲突治理转型的现实环境和协商民主的理论诉求来看，协商互动的制度性整合与合作型政府的体制重构是当前邻避冲突协商治理从边缘到中心的一条有效的实践进路。

一、协商互动的制度性整合

随着社会主义民主政治的发展，各地方政府在基层治理实践中逐步形成了民主恳谈会、社区议事会、民情通道等多种形式的公众参与。这些协商互动机制基于特定群体的利益而存在，相关参与者能够就与切身利益有关的社会事务进行公开交流，从而形成一定的集体行动能力。在邻避冲突协商治理中，地方政府采取了多种形式的互动实践，如杭州市政府在九峰垃圾焚烧发电项目后续的协商治理中，搭建沟通对话平台去吸纳公众有序参与，并开展持续的双向互动；仙桃市政府通过组建工作组，与公众展开全方位沟通并消解公众对垃圾焚烧项目的风险疑虑；广州市政府通过开放咨询渠道、成立公众监督咨询委员会积极回应公众诉求，并开展持续的官民协商互动，以化解广州番禺反垃圾焚烧的困境。这些协商治理中的互动实践在创新政治文明的“高风险、弱激励”的框架下，面临着制度化的难题。诚如哈贝马斯所言，协商民主成功取决于“交往程序和交往预设建制化，以及建制化商议过程与非正式形成的公共舆论之间的互动”。①

对于邻避冲突协商治理而言，一个有效的整合方式是政府通过一定的授权，将那些具有积极意义的协商治理创新实践成果整合到现行政治体制框架中，形成多元主体互动合作的治理体系。至于现阶段的主要任务，一方面，政府要将协商治理实践中的民主要素向上延伸，进入地方公共事务管理范畴，从法律和制度上对邻避冲突治理进行合理的分权和限权，以强化邻避冲突治理的民意基础；另一方面，要将邻避冲突协商治理的互动实践融入社会主义协商民

① ［德］尤尔根·哈贝马斯．在事实与规范之间［M］．童世骏，译．上海：上海三联书店出版社，2011：370.

主的体系框架。社会主义协商民主是一个包含政党协商、人大协商、政府协商、政协协商、人民团体协商、基层协商、社会组织协商的系统架构，我国社会主义协商民主制度，在保证人民广泛持续深入参与日常政治生活的同时，对邻避冲突协商治理提供了制度支持和政策倡导。政府部门既要发挥社会主义协商民主对邻避冲突协商治理创新的指导作用，还要注重将协商治理中的实践经验提炼总结，并适时上升为社会主义协商民主制度规范，以形成更完善的制度结构安排。此外，中央政府是推动地方政府邻避冲突治理转型的政治基础，中央政府要强化对地方政府的政治压力、突出协商治理创新收益和实践激励，促进邻避冲突协商治理创新的制度化。①

二、合作型政府的体制重构

协商互动的制度性整合是在现行政府体制下的一种改良式变革，具有变迁成本低、改革风险小的优势，但其有效性是有限的。邻避冲突协商治理若要正式地、常规化地运作，必然要求政府体制的重构，这涉及政府与公众政治关系的调整。也就是说，要使政府和公众在邻避冲突治理等公共事务中开展积极、有效的协商，必然要将地方政府变革为官民合作型政府组织。

合作型政府把政府之外的社会组织、企业、公民以及各种关系网络都纳入治理的框架内，聚焦于充分调动社会资源共同治理公共事务，从社会力量中找到解决公共问题的方法。合作型政府体制重构的关键是改变地方政府公共权力的权威来源，促进公共权力与公民权利的均衡化发展，其中，一个重要环节就是政府自身的组织逻辑从控制导向转向合作导向，从对组织的关注转向对任务的关注。

在杭州九峰垃圾焚烧项目的后续处理中，针对疏解公众对垃圾焚烧项目的风险疑虑这一关键任务，政府要求作为项目建设和运营方的光大国际，在协助地方政府推进信息公开的同时，组织民众代表于水文地质调查勘察期间凭监督证进入现场参观、监督。② 针对公众担心项目建成运营后会出现的“偷排、漏排”问题，在强化政府职能部门监管和企业自律的基础上，还引入第三方监管机制，建立了“居民随时监督”模式，并以政府公告形式作出一旦发现企业有

① 张紧跟．地方政府邻避冲突协商治理创新扩散研究［J］．北京行政学院学报，2019（5）：25-33.

② 杭州九峰垃圾焚烧厂缩小占地面积　引入光大国际［EB/OL］．（2014-09-15）［2018-04-13］．http：//www.solidwaste.com.cn/news/216379.html.

"偷排、漏排"问题就立刻让项目关门的社会承诺。① 对于任务的重视，使得所有成员都将关注点放在如何完成任务上，邻避设项目运营企业、专家、公众的重要性也会在关注任务中得以凸显，这放松了政府控制的要求，为协商合作提供了可能性。一旦任务成为焦点，政府必然放弃自我中心主义，将资源向社会扩散，在层级控制体系之外与各方参与者联合资源、相互协作。如此一来，邻避冲突治理由封闭走向开放、由管制走向协商的趋势就不可阻挡了。

需要指出的是，相对于以任务为导向的政府与公民、社会合作，政府自身体制结构的变革更为困难，虽然当前地方政府在官僚组织内部尝试组建战略导向的跨部门组织、跨部门的专门委员会等合作性组织，但扩大治理主体的同时也模糊了各方的职能边界与责任归属。因此，如何实现公共权力的最佳配置，建构有利于合作关系创立和操作性安排的权力结构，仍然是学界需要进一步探讨的问题。

① 这座曾遭强烈反对的垃圾焚烧发电厂，为何能在杭州顺利落地？[EB/OL].(2016-08-05)[2018-07-02]. https：//www.jfdaily.com/news/detail？id=26303.

尾论——结论·贡献·展望

结　论

改革开放以来，中国经济社会事业快速发展，各类生产和生活服务设施持续增加，与之相伴随的是日益严重的环境破坏、公民环保意识的觉醒和维权意愿的增强，在这些因素的综合作用下，中国邻避冲突渐趋频繁。

邻避冲突是转型期社会利益结构失衡和公民环境权益维护意识增强的结果，其演化升级的体制根源是缺乏有效吸纳、整合邻避冲突参与者利益诉求的协商机制。学术史归纳与实践样态的考察发现政治体制、价值观念、文化传统等因素影响着邻避冲突治理模式的变迁，使其呈现从管制型治理到参与式治理的转型逻辑，而通过协商的制度性生长，改善参与式治理的实施机制，是邻避冲突治理的发展方向。

目前，我国地方政府在邻避冲突治理理念、治理主体、治理机制和治理方式上体现出突出的管制型治理特征，形成了政府主导的管制型邻避冲突治理模式。该模式由政府采取行政手段，主导邻避设施的选址、冲突争议的解决，并运用政府强制力，控制民众的抗争情绪和抗争行为。其主要特征包括：垄断控制的治理理念、政府单一主导性治理主体、封闭决策和强制执行机制、被动回应与刚性压制的治理方式。作为一种制度选择，管制型治理是压力维稳、行政全能主义、利益合谋共同作用的结果。威权体制下的各级政府迫于自上而下的维稳压力，将邻避抗争行动视作无序和混乱，并采取刚性管制手段，使邻避冲突治理陷入“治标不治本”“成本递增收益递减”的怪圈。在行政全能主义下的影响下，上级政府部门通过目标责任制和任务派遣全面控制邻避冲突治理，诱发了基层政府策略性自我保护的消极治理行为。而政府与企业的利益合谋的达成也催生了政府垄断决策、信息控制、强制弹压等管制型措施。管制型邻避冲突治理模式在“路径依赖”中不断自我强化，导致治理模式的变迁被“锁定”在一种无效或低效的状态，并陷入公众参与被抑制、社会群体地位不平等、政府信任被消解的现实困境。

由于传统的管制型治理具有权力运行与权利诉求之间内在的紧张性，对日益增长的公众参与诉求缺乏有效的制度化吸纳，成为引发邻避冲突的根源。源起于20世纪80年代的协商民主理论培育了公民有序参与公共治理的理性精神，它在推动公民个体、社会组织与政府的对话和交往的基础上，协调利益关系并促进公共利益，使复杂社会冲突的治理方式更具合法性。

可见，协商民主理论给邻避冲突治理展示了一幅充满理想的图景，并提供了一种值得借鉴的新思路。邻避冲突协商治理模式就是这样一种以公共协商为主要途径，强调审慎的公民参与在邻避冲突治理中的基础性作用的治理模式。它奉行民主治理的理念，以公共理性为价值取向，主张政府、企业和公众在互信、互利的基础上就邻避设施的选址规划、邻避设施的风险分担、利益受损者补偿激励等议题进行持续不断的协商谈判、参与合作，从而达成共识。

主体地位平等是协商民主的假设前提。在邻避冲突治理中，公众由于在权力、资源、能力上处于弱势地位，协商议题被屏蔽、推迟，协商过程受到强势集团(包括政府)的软性控制。因此，只有消除了协商主体在资源上的依赖和政治权力对公共协商过程的影响，协商治理才能成为一种有效的实践模式。邻避冲突参与者协商地位不平等的矫正措施主要包括：创造有利于公民参与的新公共空间、建立多元主义的资源分配机制、提高弱势群体的资源利用能力等。

在矫正邻避冲突参与者协商地位的基础上，依循协商实践与政治环境的契合与统一、公民表达与政府回应对接与互动的原则，邻避冲突协商治理模式的宏观架构包括管制权与参与权制衡的权威结构、“参与—协商—共识”的柔性制度规则、理性认知与互信包容的协商文化、“多边互赖型”合作网络。在微观上，邻避冲突协商治理应结合邻避冲突的演进规律，将公众参与权、知情权、经济补偿权的保护体现到多元主体动态协商中，形成信息公开与风险沟通、平等论辩与差异包容、反思内化与协商结果的落实机制。

贡 献

本书在梳理邻避冲突治理范式及转型逻辑的基础上，针对邻避冲突主体同质、诉求明确、高度动员的特点，以及当前管制型治理的现实困境，将“协商民主”理论引入邻避冲突治理，总结提炼协商民主公民赋权、公共协商、平等参与的理论特质，将其作为冲突治理中利益调适和达成共识的重要变量，解释其对邻避冲突治理的作用机理和功能优势。结合邻避设施周边居民体制外抗争的原因分析，揭示邻避冲突参与者地位不平等是当前邻避冲突协商治理的实践困境。在实证分析邻避冲突治理主体协商地位不平等的影响因素及其矫正措施的基础上，构建了邻避冲突治理模式的系统架构和运作机制。

本书的创新性在于聚焦冲突治理与民主政治发展的关系，探究冲突治理的制度逻辑与模式转变，在一定程度上推动了"冲突解释学"和"冲突治理学"的本土化研究。同时，将"协商民主"引入冲突治理，促进协商民主研究从"理论陈述"转向"操作化设计"。本书所构建的邻避冲突协商治理模式，有助于破解政府"刚性管制"的困境，避免因对公众利益诉求的不当反应，引发政府合法性危机。本书的成果将成为协商民主这一新型民主治理模式在公共治理实践中运用的典型案例，将为推进协商民主广泛、多层、制度化发展积累经验。

未来展望

以后的研究中，需要重点从以下几个方面进行拓展：一是从机会、资源、能力三个维度对邻避冲突治理主体的协商地位进行测量，科学论证协商治理中政府权力自由的上限，弱势群体的资源阈限，认知能力基准线等临界指标，提出政府、企业、公众参与邻避冲突协商治理的应满足的限定条件。二是进一步探究邻避冲突协商治理模式的实践路径，使邻避冲突协商治理成为一种具有实践深度、有效性与常态性的制度。三是以更多的邻避冲突典型实例为样本，将协商治理模式运用于实践，在邻避冲突演进发展的不同阶段开展民意调查、协商论坛等系列协商治理实验，对比传统治理手段与协商治理的效果，在此基础上进一步检验协商民主对邻避冲突治理的解释力，并提出完善邻避冲突协商治理的对策建议。

参 考 文 献

一、中文类

[1][法]卢梭．社会契约论[M]．北京：中国广播电视出版社，2015.
[2]孟德斯鸠．论法的精神(上)[M]．张雁深，译．北京：商务印书馆，1959.
[3]于建嵘．抗争性政治：中国政治社会学基本问题[M]．北京：人民出版社，2010.
[4]桑玉成．利益分化的政治时代[M]．上海：学林出版社，2002.
[5]俞可平．权利政治与公益政治[M]．北京：社会科学文献出版社，2000.
[6]于建嵘．底层政治：对话与演讲[M]．香港：中国文化出版社，2009.
[7][美]查尔斯·蒂利，西德尼·塔罗．抗争政治[M]．李义中，译．南京：译林出版社，2010.
[8][英]鲍曼．共同体[M]．欧阳景根，译．南京：江苏人民出版社，2007.
[9][美]阿尔蒙德．比较政治学：体系、过程和政策[M]．曹沛霖，译．上海：上海译文出版社，1987.
[10]李强．转型时期的中国社会分层结构[M]．哈尔滨：黑龙江人民出版社，2002.
[11]孙立平．现代化与社会转型[M]．北京：北京大学出版社，2005.
[12]孙立平．断裂：20世纪90年代以来的中国社会[M]．北京：社会科学文献出版社，2003.
[13]俞可平．治理与善治[M]．北京：社会科学文献出版社，2000.
[14]张凤阳．现代性的谱系[M]．南京：南京大学出版社，2004.
[15][德]乌尔里希·贝克．风险社会[M]．何博闻，译．南京：译林出版社，2004.
[16][德]哈贝马斯．在事实与规范之间——关于法律与民主法治国的商谈理论[M]．童世骏，译．北京：生活·读书·新知三联书店，2003.
[17][英]吉登斯．现代性后果[M]．田禾译．上海：上海三联书店出版

社，2000.
[18][德]乌尔里希·贝克等. 自反性现代化[M]. 赵书文，译. 北京：商务印书馆，2001.
[19]杨雪冬等. 风险社会与秩序重建[M]. 北京：社会科学文献出版社，2006.
[20]芭芭拉·亚当，乌尔里希·贝克，约斯特·房·龙. 风险社会及其超越：社会理论的关键议题[M]. 赵延东，马缨等，译. 北京：北京出版社，2005.
[21][德]达伦多夫. 工业社会中的阶级与阶级冲突[M]. 斯坦福：斯坦福大学出版社，1957.
[22][美]乔纳森·H. 特纳. 社会学理论的结构上卷[M]. 邱泽奇，译. 北京：华夏出版社，2001.
[23]杨雪东. 风险社会与秩序重建[M]. 北京：社会科学出版社，2006.
[24][德]哈贝马斯. 公共领域的结构转型[M]. 曹卫东等，译. 上海：上海学林出版社，1999.
[25][美]埃莉诺·奥斯特罗姆等. 公共服务的制度建构[M]. 宋全喜等，译. 上海：上海三联书店出版社，2000.
[26]柳新元. 利益冲突与制度变迁[M]. 武汉：武汉大学出版社，2002.
[27][美]福山. 信任：社会道德与繁荣的创造[M]. 李宛蓉，译. 内蒙古：远方出版社，1998.
[28][美]约翰·克莱顿·托马斯. 公共决策中的公民参与：公共管理者的新技能与新策略[M]. 孙柏瑛，译. 北京：中国人民大学出版社，2005.
[29][英]滕尼斯. 共同体与社会[M]. 林荣远，译. 北京：商务印书馆，1999.
[30]杨雪冬. 市场发育、社会成长和公共权力构建[M]. 郑州：河南人民出版社，2002.
[31]刘旺洪. 权利意识论[M]. 北京：法律出版社，2001.
[32]孔繁斌. 公共性的再生产[M]. 南京：江苏人民出版社，2008.
[33]李瑞昌. 风险、知识与公共决策[M]. 天津：天津人民出版社，2006.
[34][美]卡尔·科恩. 论民主[M]. 聂崇信，朱秀贤，译. 北京：商务印书馆，1988.
[35][美]罗伯特·D. 帕特南. 使民主运转起来[M]. 王列，赖海榕，译. 南昌：江西人民出版社，2001.

[36]荣敬本．从压力型体制向民主合作体制的转变——县乡两级政治体制改革[M]．北京：中央编译出版社，1998.
[37][加]莱斯利·雅各布．民主视野[M]．吴增定，刘凤罡，译．北京：中国广播电视出版社，2000.
[38]何包钢．民主理论：困境和出路[M]．北京：法律出版社，2008.
[39][美]埃米·古特曼，丹尼斯·汤普森．民主与分歧[M]．杨立峰等，译．上海：东方出版社，2007.
[40]谢岳．社会抗争与民主转型[M]．上海：上海人民出版社，2008.
[41]马克·E. 沃伦．民主与信任．[M]．吴辉，译．北京：华夏出版社，2004.
[42][美]塞拉·本哈比，民主与差异——挑战政治的边界[M]．北京：中央编译出版社，2009.
[43][美]海伦·英格兰姆，斯蒂文·R. 史密斯．新公共政策：民主制度下的公共政策[M]．钟振明，朱涛，译．上海：上海交通大学出版社，2005.
[44][美]詹姆斯·D. 费伦．作为讨论的协商[J]//[美]约·埃尔斯特．协商民主：挑战与反思．周艳辉，译．北京：中央编译出版社，2009.
[45]何包钢．协商民主：理论、方法和实践[M]．北京：中国社会科学出版社，2008.
[46][美]詹姆斯·博曼，威廉·雷吉．协商民主：论理性与政治[M]．陈家刚等，译．北京：中央编译出版社，2006.
[47][美]詹姆斯·博曼．公共协商：多元主义、复杂性与民主[M]．黄相怀，译．北京：中央编译出版社，2006.
[48][南非]毛里西奥·帕瑟林·登特里维斯．作为公共协商的民主：新的视角[M]．王英津等，译．北京：中央编译出版社，2006.
[49][澳大利亚]约翰·S. 德雷泽克．协商民主及其超越：自由与批判的视角[M]．丁开杰等，译．北京：中央编译出版社，2006.
[50]熊彼特．资本主义、社会主义与民主[M]．吴良健，译．北京：社会科学文献出版社，2011.
[51]陈家刚．协商民主与政治发展[M]．北京：社会科学文献出版社，2011.
[52]陈家刚．协商民主与当代中国政治[M]．北京：中国人民大学出版社，2009.
[53]莫吉武，杨长明，蒋余浩．协商民主与有序参与[M]．北京：中国社会科学出版社，2009.

[54]林尚立．协商民主——中国的创造与实践[M]．重庆：重庆出版社，2014.
[55]林尚立，赵宇峰．中国协商民主的逻辑(修订版)[M]．上海：上海人民出版社，2016.
[56]李强彬．协商民主与公共决策过程优化[M]．成都：四川大学出版社，2013.
[57][美]阿尔蒙德，维巴．公民文化：五国的政治制度和民主[M]．马殿君等，译．杭州：浙江人民出版社，1989.
[58][美]詹姆斯·菲什金，彼得·拉斯莱特．协商民主论争[M]．张晓敏，译. 北京：中央编译出版社，2009.
[59][美]詹姆斯·菲什金，倾听民意：协商民主与公众咨询[M]．孙涛，何建宇，译. 北京：中国社会科学出版社，2015.
[60][美]约·埃尔斯特．协商民主：挑战与反思[M]．俞可平，周艳辉，译．北京：中央编译出版社，2009.
[61]谈火生，霍伟岸，协商民主的技术[M]．北京：社会科学文献出版社，2014.
[62]许敏．基于协商民主的网络群体性事件治理研究[M]．上海：上海交通大学出版社，2015.
[63]吴兴智．从参与到协商：我国地方治理转型的经验与路径研究[M]．北京：中国社会科学出版社，2017.
[64][美]L·科塞．社会冲突的功能[M]．孙立平等，译．北京：华夏出版社，1989.
[65][英]拉尔夫·达伦多夫．现代社会冲突——自由政治随感[M]．林荣远，译．北京：中国社会科学出版社，2000.
[66]李培林，张翼，赵延东，梁栋．社会冲突与阶级意识——当代中国社会矛盾问题研究[M]．北京：社会科学文献出版社，2005.
[67][美]狄恩·普鲁特，金盛熙. 社会冲突——升级、僵局及解决(第3版)[M]．王凡妹，译．北京：人民邮电出版社，2013.
[68]张振华．社会冲突与制度回应转型期中国政治整合机制的调适研究[M]．天津：天津人民出版社，2016.
[69]李琼．政府管理与边界冲突：社会冲突中的群体、组织和制度分析[M]．北京：新华出版社，2007.
[70]孙立平．博弈：断裂社会的利益冲突与和谐[M]．北京：社会科学文献出

版社，2006.
[71]常健等．中国公共冲突化解的机制、策略和方法[M]．北京：中国社会科学出版社，2013.
[72]陈宝胜．邻比冲突及其治理模式研究[M]．北京：中国社会科学出版社，2018.
[73]张乐．邻避冲突解析与源头治理[M]．北京：社会科学文献出版社，2017.
[74]王佃利．邻避困境：城市治理的挑战与转型[M]．北京：北京大学出版社，2017.
[75]丘昌泰．邻避情结与社区治理[M]．台北：台北韦伯文化国际出版有限公司，2007.
[76]丘昌泰．台湾环境管制政策[M]．台北：台北淑馨出版社，1995.
[77]何明修．社会运动概论[M]．台北：三民书局，2005.
[78][美]查尔斯·蒂利．社会运动，1768—2004[M]．胡位钧，译．南京：译林出版社，2010.
[79][美]杰克·A. 戈德斯通．国家、政党与社会运动[M]．章延杰，译．上海：上海世纪出版社，2009.
[80][美]艾尔东·莫里斯等．社会运动理论的前沿领域[M]．刘能，译．北京：北京大学出版社，2002.
[81][美]托夫勒．第三次浪潮[M]．朱志炎等，译．北京：新华出版社，1996.
[82]苏国勋等．社会理论的诸理论：帕克的集体行为理论[M]．上海：上海三联书店出版社，2005.
[83][美]奥尔森．集体行动的逻辑[M]．陈郁等，译．上海：上海人民出版社，1995.
[84]赵鼎新．社会与政治运动讲义[M]．北京：社会科学文献出版社，2006.
[85][美]亨廷顿．变化社会中的政治秩序[M]．王冠华等，译．北京：生活·读书·新知三联书店，1989.
[86][英]曼恩．社会权力的来源[M]．刘北成，李少军，译．上海：上海人民出版社，2007.
[87][美]西德尼·塔罗．运动中的力量[M]．吴庆宏，译．南京：译林出版社，2005.
[88]陈振明．政府改革与治理——基于地方实践的思考[M]．北京：中国人民

大学出版社，2013.
[89]孙立平．转型与断裂：改革以来中国社会结构的变迁[M]．北京：清华大学出版社，2004.
[90][英]安东尼·吉登斯．失控的世界[M]．周红云，译．南昌：江西人民出版社，2001.
[91]容志，陈奇星．稳定政治：中国维稳困境的政治学思考[J]．政治学研究，2011(5).
[92]何艳玲．“邻避冲突”及其解决：基于一次城市集体抗争的分析[J]．公共管理学报，2006(4).
[93]刘晶晶．空间正义视角下的邻避设施选址困境与出路[J]．领导科学，2013(1).
[94]于建嵘．当前压力维稳的困境与出路——再论中国社会的刚性稳定[J]．探索与争鸣，2012(9).
[95]陈发桂．基层维稳的行动逻辑：从体制化运行到社会化运行[J]．理论与改革，2011(6).
[96]肖唐镖．当代中国的“维稳政治”：沿革与特点——以抗争政治中的政府回应为视角[J]．学海，2015(1).
[97]张乐，童星．重大决策社会稳定风险评估的优化路径：公众参与环节的再思考[J]．广州大学学报，2016(10).
[98]燕继荣．变化中的中国政府治理[J]．经济社会体制比较，2011(6).
[99]陈利勇，吴兴智．公民参与与地方公共政策的制定——以浙江省温岭市民主恳谈会为例[J]．学术界，2007(5).
[100]王玉良．缺失与构建：公共冲突视域下的政府信任探析[J]．中国行政管理，2015(1).
[101]韩志明．行动的选择与制度的逻辑——对“闹大”现象的理论分析[J]．中国行政管理，2010(5).
[102]于建嵘．从刚性稳定到韧性稳定：关于中国社会秩序的一个分析框架[J]．学习与探索，2009(5).
[103]唐皇凤．“中国式”维稳：困境与超越[J]．武汉大学学报，2012，65(5).
[104]于建嵘．压力维稳的政治学分析——中国社会刚性稳定的运行机制[J]．战略与管理，2010(4).
[105]程惠霞，丁刘泽隆．公民参与中的风险沟通研究：一个失败案例的教训[J]．中国行政管理，2015(2).

[106]张乐，童星．重大“邻避”设施决策社会稳定风险评估的现实困境与政策建议——来自S省的调研与分析[J]．四川大学学报(哲学社会科学版)，2016(3)．
[107]汤汇浩．邻避效应：公益性项目的补偿机制与公民参与[J]．中国行政管理，2011(7)．
[108]赵文红，邵建春．参与度、信任与合作效果的关系[J]．南开管理评论，2008(3)．
[109]胡东，李雪沣．关于民意的民主性思考[J]．政治学研究，2006(2)．
[110]狄小华，冀莹．民意表达与政府回应机制之完善[J]．政治与法律，2009(7)．
[111]李景鹏．民主的逻辑与民主的建设[J]．天津社会科学，2011(5)．
[112]杜英歌，娄成武．协商民主对公民参与的多维审视与局限[J]．南京社会科学，2011(1)．
[113]陈鼎．协商民主视野下的社会矛盾纠纷化解机制创新[J]．上海市社会主义学院学报，2014(5)．
[114]燕继荣．协商民主的价值和意义[J]．科学社会主义，2006(6)．
[115]李强彬，廖业扬．中国语境下协商民主的发展：理由可能与路径[J]．求实，2012(8)．
[116]陈炳辉，王卫．民主共识的达成——协商民主解决多元偏好冲突的路径选择[J]．厦门大学学报(哲学社会科学版)，2012(5)．
[117]何红彬，张俊国．“无直接利益冲突”矛盾防范与化解机制探索——基于协商民主与协商治理视角的分析[J]．行政论坛，2011(1)．
[118]余敏江，梁莹．协商民主与政策执行网络[J]．理论探讨，2006(1)．
[119]李强彬．国外协商民主研究30年：路线、视角与议题[J]．教学与研究，2012(2)．
[120]何包钢．协商民主和协商治理：建构一个理性且成熟的公民社会[J]．开放时代，2012(4)．
[121]王浦劬．中国协商治理的基本特点[J]．求是，2013(10)．
[122]张敏．协商治理：一个成长中的新公共治理范式[J]．江海学刊，2012(5)．
[123]张紧跟．邻避冲突何以协商治理：以杭州九峰垃圾焚烧发电项目为例[J]．行政论坛，2018(4)．
[124]曹任何．合法性危机：治理兴起的原因分析[J]．理论与改革，2006(2)．

[125]曹峰．协商式社会冲突管理——化解对抗的谈判过程与方法分析[J]．公共管理评论，2012(2)．
[126]张卫．当代西方社会冲突理论的形成及发展[J]．世界经济与政治论坛，2007(5)．
[127]包仕国．和谐社会构建与西方社会冲突理论[J]．学术论坛，2006(4)．
[128]谭爽，李晖．“中国式”邻避冲突如何由“破”到“立”？——基于多案例的扎根研究[J]．中国地质大学学报(社会科学版)，2018，18(4)．
[129]谭爽，胡象明．公民性视域下我国邻避冲突的生成机理探析——基于10起典型案例的考察[J]．武汉大学学报(哲学社会科学版)，2015，68(5)．
[130]孟薇，孔繁斌．邻避冲突的成因分析及其治理工具选择——基于政策利益结构分布的视角[J]．江苏行政学院学报，2014(2)．
[131]刘海龙．邻避冲突的生成与化解：环境正义的视角[J]．吉首大学学报(社会科学版)，2018(3)．
[132]何艳玲．“中国式”邻避冲突：基于事件的分析[J]．开放时代，2009(12)．
[133]李永展．邻避设施冲突管理之研究[J]．台湾大学建筑与城乡研究学报，1998(9)．
[134]陈宝胜．邻比冲突治理若干基本问题：多维视阈的解读[J]．学海，2015(2)．
[135]陈宝胜．从“政府强制”走向“多元协作”：邻比冲突治理的模式转换与路径创新[J]．公共管理与政策评论，2015，4(4)．
[136]张乐，童星．“邻避”冲突管理中的决策困境及其解决思路[J]．中国行政管理，2014(4)．
[137]姚德超，刘筱红．邻避现象及其治理[J]．城市问题，2014(4)．
[138]侯光辉，王元地．“邻避风险链”：邻避危机演化的一个风险解释框架[J]．公共行政评论，2015(1)．
[139]辛方坤．邻避风险社会放大过程中的政府信任：从流失到重构[J]．中国行政管理，2018(8)．
[140]王佃利，王庆歌，韩婷．“应得”正义观：分配正义视角下邻避风险的化解思路[J]．山东社会科学，2017(3)．
[141]杨志军，梁陞．风险感知偏差视角下城市邻避抗争的运行机理与治理之道[J]．河南师范大学学报(哲学社会科学版)，2018，45(4)．

[142]唐杰. 社会抗议刍议——关于我国集体行为研究概念体系的思考[J]. 学术界，2009，5(3).
[143]何艳玲. 后单位制时期街区集体抗争的产生及其逻辑[J]. 公共管理学报，2005(3).
[144]丘昌奉. 从"邻避情结"到"迎臂效应"：台湾环保抗争的问题与出路[J]. 政治科学论坛，2002(17).
[145]陶鹏，童星. 邻避群体性事件及其治理[J]. 南京社会科学，2010(8).

二、外文类

[1]O'Hare, M., Not on My Block You Don't: Facility Sitting and the Strategic Importance of Compensation[J]. Public Policy, 1997, 25(4).
[2]Sandman, P. M., Getting to Maybe: Some Communications Aspects of Siting Hazardous Waste Facilities[J]. Seton Hall Legis, 1986, 9(2).
[3]Dear, Micheal, Understanding and Overcoming the NIMBY Syndrome[J]. Journal of the American Planning Association, 1992, 58(34).
[4]Vittes M. E., Pollock III P. H., Lilie S. A., Factors Contributing to NIMBY Attitudes[J]. Waste Management, 1993, 13(2).
[5]Wolsink, M., Entanglement of Interests and Motives: Assumptions behind the NIMBY-theory on Facility Sitting[J]. Urban Studies, 1994, 31(6).
[6]Deibert, R. J. International Plug'n Play? Citizen Activism, the Internet, and Global Public Policy[J]. International Studies Perspectives, 2000, 3(1).
[7]Hermansson, H. The Ethics of NIMBY Conflicts[J]. Ethical Theory and Moral Practice, 2007, 10(1).
[8]Carole Pateman, Participation and Democratic Theory[M]. Cambridge University Press, 1970.
[9]Kraft, E. &Clary, B, Citizen Participation and the Nimby Syndrome: Public Response to Radioactive Waste Disposal[J]. The Western Political Quarterly, 1991, 44(2).
[10]Seyla Benhabib, Democracy and Difference: Contesting the Boundaries of the Political[M]. Princeton University Press, 1996.
[11]Maeve Cooke, Five Arguments for Deliberative Democracy[J]. Political Studies, 2000, 48(2).
[12]Tilly C, Tarrow S, Contentious Politics[M]. Paradigm Publishers, 2007.

[13] Neil J. Smelser, Theory of Collective Behavior[M]. New York: The Free Press, 1962.

[14] Ralph H. Turner, Lewis M. Killian, Collective Behavior[M]. Englewood Cliffs: Prentice-Hall, 1987.

[15] Amy Gutmann, Dennis Thompson, Why Deliberative Democracy? [M]. Princeton University Press, 2004.

[16] Peter Mclaverty, Darren Halpin, Deliberative Drift: The Emergence of Deliberation in the Policy Process[J]. International Political Science Review, 2008, 29(2).

[17] Colleen M. Grogan, Michael K. Gusmano, Deliberative Democracy in Theory and Practice: Connecticut's Medicaid Managed Care Council[J]. State Politics and Policy Quarterly, 2005, 5(2).

[18] James S. Fishkin and Peter Laslett. eds., Debating Deliberative Democracy [M]. Blackwell, 2003.

[19] John Dryzek: Deliberative Democracy and Beyond[M]. Oxford University Press, 2000.

[20] Amy Gutmann, Dennis Thompson. Democracy and Disagreement[M]. Harvard University Press, 1996.

[21] Jorge M. Valadez: Deliberative Democracy, Political Legitimacy, and Self Democracy in Multicultural Societies[M]. USA Westview Press, 2001.

[22] Jeffrey Z Rubin, Dean G Pruitt, Sung Hee Kim. Social Conflict: Escalation, Stalement, and Settlement. 2nd ed. [M]. NY: McGraw-Hill, Inc., 1994.

[23] Barry G. Rabe, Beyond NIMBY: Hazardous Waste Siting in Canada and the United States[M]. The Brookings Institution, 1994.

[24] Kent E. Portney, Siting Hazardous Waste Treatment Facilities: The NIMBY Syndrome[M]. New York: Auburn, 1991.

[25] D. Morel and C. Magorian, Siting Hazardous Waste Facilities: Local Opposition and the Myth of Preemption[M]. Cambridge, MA: Ballinger, 1982.

[26] Wolsink, M., Wind power implementation: The nature of public attitudes, Equity and fairness instead of "backyard motives" [J]. Renewable and Sustainable Energy Reviews, 2007, 11(6).

[27] Wolsink, M., Wind power and the NIMBY-myth: Institutional capacity and the limited significance of public support[J]. Renewable Energy, 2000, 21(1).

[28]Vittes, M, E., Pollock, P. H. & Lilie, S. A.. Factors contributing to NIMBY attitudes[J]. Waste Management, 1993, 13(2).

[29]Schively, C., Understanding the NIMBY and LULU phenomena: Reassessing our knowledge base and informing future research [J]. Journal of Planning Literature, 2007, 21(3).

[30]B. Bryant, Environmental Justice: Issue, Politics, and Solutions [M]. Washington, D. C. : Island Press, 1995.

[31]Michael B. Gerrard, Whose Backyard, Whose Risk: Fear and Fairness in Toxic and Nuclear Wasting Sitting[M]. Cambridge, Mass: MIT Press, 1994.

[32]K. Burningham, Using the Language of NIMBY: A Topic for Research, Not an Activity for Researchers[J]. Local Environment, 2000, 5(1).